马克思主义简明读本

群众路线理论

丛书主编：韩喜平

本书著者：李春会

编 委 会：韩喜平　邵彦敏　吴宏政
　　　　　王为全　罗克全　张中国
　　　　　王　颖　石　英　里光年

吉林出版集团股份有限公司

图书在版编目（CIP）数据

群众路线理论/李春会著.--长春:吉林出版集团股份有限公司，2013.9
（2021.2重印）
（马克思主义简明读本）

ISBN 978-7-5534-2609-9

Ⅰ.①群…Ⅱ.①李…Ⅲ.①中国共产党—群众路线—学习参考资料
Ⅳ.①D252

中国版本图书馆CIP数据核字(2013)第174261号

群众路线理论
QUNZHONG LUXIAN LILUN

丛书主编：	韩喜平
本书著者：	李春会
项目策划：	周海英　耿　宏
项目负责：	周海英　耿　宏　宫志伟
责任编辑：	陈　曲
出　　版：	吉林出版集团股份有限公司
发　　行：	吉林出版集团社科图书有限公司
电　　话：	0431-81629720
印　　刷：	永清县晔盛亚胶印有限公司
开　　本：	710mm×960mm　1/16
字　　数：	100千字
印　　张：	12
版　　次：	2013年9月第1版
印　　次：	2021年2月第3次印刷
书　　号：	ISBN 978-7-5534-2609-9
定　　价：	36.00元

如发现印装质量问题，影响阅读，请与出版方联系调换。

序　言

习近平总书记指出，青年最富有朝气、最富有梦想，青年兴则国家兴，青年强则国家强。青年是民族的未来，"中国梦"是我们的，更是青年一代的，实现中华民族伟大复兴的"中国梦"需要依靠广大青年的不断努力。

要提高青年人的理论素养。理论是科学化、系统化、观念化的复杂知识体系，也是认识问题、分析问题、解决问题的思想方法和工作方法。青年正处于世界观、方法论形成的关键时期，特别是在知识爆炸、文化快餐消费盛行的今天，如果能够静下心来学习一点理论知识，对于提高他们分析问题、辨别是非的能力有着很大的帮助。

要提高青年人的政治理论素养。青年是祖国的未来，是社会主义的建设者和接班人。党的十八大报告指出，回首近代以来中国波澜壮阔的历史，展望中华民族充满希望的未来，我们得出一个坚定的结论——实现中华民族伟大复兴，必须坚定不移地走中国特色社会主义道路。要建立青年人对中国特色社会主义的道路自信、理论自信、制度自信，就必须要对他们进行马克思主义理论教育，特别是中国特色社会主义理论体系教育。

要提高青年人的创新能力。创新是推动民族进步和社会发展的不竭动力，培养青年人的创新能力是全社会的重要职责。但创新从来都是继承与发展的统一，它需要知识的积淀，需要理论素养的提升。马克思主义理论是人类社会最为重大的理论创新，系统地学习马克思主义理论有助于青年人创新能力的提升。

要培养青年人的远大志向。"一个民族只有拥有那些关注天空的人，这个民族才有希望。如果一个民族只是关心眼下脚下的事情，这个民族是没有未来的。"马克思主义是关注人类自由与解放的理论，是胸怀世界、关注人类的理论，青年人志存高远，奋发有为，应该学会用马克思主义理论武装自己，胸怀世界，关注人类。

正是基于以上几点考虑，我们编写了这套《马克思主义简明读本》系列丛书，以便更全面地展示马克思主义理论基础知识。希望青年朋友们通过学习，能够切实收到成效。

韩喜平

2013年8月

目　录

引　言 / 001

第一章　群众路线——毛泽东思想活的灵魂 / 004

第一节　群众路线的基本内涵 / 004
第二节　群众路线的形成过程 / 006
第三节　群众路线的基本内容 / 014
第四节　群众路线的基本要求 / 021
第五节　坚持群众路线的经验 / 027
第六节　群众路线的历史价值 / 033

第二章　一切为了群众，把人民放在心中最高位置 / 038

第一节　利为民所谋 / 040
第二节　权为民所用 / 051
第三节　情为民所系 / 061

第三章　一切依靠群众，同人民始终保持血肉联系 / 068

第一节　争取群众支持 / 071
第二节　汲取群众智慧 / 075
第三节　凝聚群众力量 / 083

第四节　增强群众基础 / 090
第五节　尊重群众首创 / 103

第四章　从群众中来，用优良作风凝聚党心民心 / 115

第一节　倾听群众心声 / 116
第二节　走进群众生活 / 121
第三节　深入群众实践 / 124
第四节　接受群众监督 / 127

第五章　到群众中去，努力让人民过上美好生活 / 130

第一节　解群众之忧 / 130
第二节　顺群众之意 / 132
第三节　惠群众之生 / 135

第六章　为民务实清廉
——党的群众路线教育实践活动 / 152

第一节　党的群众路线教育实践活动的主要内容 / 154
第二节　党的群众路线教育实践活动的基本要求 / 156
第三节　党的群众路线教育实践活动的重点环节 / 159
第四节　党的群众路线教育实践活动的现实意义 / 160

附：

毛泽东关于党的群众路线的重要论述 / 166
邓小平关于党的群众路线的重要论述 / 170
江泽民关于党的群众路线的重要论述 / 172
胡锦涛关于党的群众路线的重要论述 / 176
习近平关于党的群众路线的重要论述 / 182

引　言

群众路线是中国共产党长期革命和建设经验的总结，是毛泽东思想活的灵魂的重要方面，是党的科学领导方法，是历史唯物主义的生动体现。群众路线是党的根本路线，这是由我们党的全心全意为人民服务的宗旨所决定的。全心全意为人民服务，密切联系群众，是我们党区别于其他任何政党的一个显著标志。

我们党是在与人民群众密切联系、共同战斗中诞生、发展、壮大和成熟起来的。党离不开人民，人民也离不开党。一切为了群众、一切依靠群众，从群众中来、到群众中去的群众路线，是我们事业不断取得胜利的重要法宝，也是我们党始终保持生机与活力的重要源泉。在峥嵘岁月中，我们党正是依靠群众路线，紧密地把党和人民联系在一起，把党的宗旨和中国的命运紧密地联系在一起，与全国人民一道，共同战斗、共同发展、共同壮大、共同成熟，直到完成国家统一。所以说党离不开人民，人民也离不开党。中国革命社会主义建设的实践启示我们党，必须始终紧紧依靠人民群众，诚心诚意为人民谋利益，从人民群众中汲取前进的不竭动力。群众路线的卓越理论意义和实践成效，已经为我们党数十年的奋斗历程所充分证实，正如邓小平所说："群众路线和群众观点是我们的传家宝。"历史经验充分表明：党的成长与壮大、革命的胜利与发展，都与群众路线息息相关。当党正确地制定和实行群众路线时，革命就胜利、发展；反之，党和人民的事业就会遭受损失、失败。

坚持群众路线始终是我们党永葆先进性的重要法宝，更是我们党根本的价值理念和领导方式。对于这样一份宝贵的政治遗产，我们理应认真对待。习近平总书记在不同场合数次提出并具体阐述过"中国梦"，而实现"中国梦"就要靠中国共产党带领全国人民共同努力奋斗，在此基础上只有坚持群众路线，把全国人民紧紧团结在一起，凝聚全国人民的智慧，党才能在现代复杂多变的社会条件下，在各种思潮涌动中，带领全国各族人民齐心合力，实现中华民族的伟大复兴。

"中国梦归根到底是人民的梦，必须紧紧依靠人民来实现，必须不断为人民造福。"今天，在实现中华民族伟大复兴的道路上，我们必须清醒地认识到："中国梦"的实现，取决于我们每个中国人和党的领导。只有依靠群众路线，团结凝聚全国人民，沿着正确的方向前进，积极奋斗、勇于开拓创新，才能一点点积累实现"中国梦"的基础。只有坚持群众路线，才能让人民幸福，让社会和谐，让"中国梦"绽放于世界东方！

第一章　群众路线——毛泽东思想活的灵魂

第一节　群众路线的基本内涵

群众，两层含义，一是指"人民大众"或"居民的大多数"，即与"人民"一词同义；另外则是指"未加入党团的人"，表示"党员"与"群众"的区别，"干部"与"群众"的区别。

党的群众路线定义就是一切为了群众，一切依靠群众，从群众中来，到群众中去。群众路线是中国共产党的根本政治路线和组织路线，是中国共产党把"马克思列宁主义关于人民群众是历史的创造者的原理"系统地运用在党的全部活动中，从而形成党在一切工作中的群众路线，群众路线是毛泽东思想的活的灵魂的三个基本方面之一。群众路线的实质，就是代表人民群众，为人民谋利益，就是要执政为民。

作为中国共产党的优良作风之一，群众路线有两层含义，一方面，它是党的根本政治路线和组织路线，即"一切为了群众，一切依靠群众"。另一方面，它是群众路线的领导方法，即"从群众中来，到群众中去"。前者是其价值归宿和理论起点，后者则是对马克思主义认识论的实际运用。"一切为了群众，一切依靠群众"讲的是中国共产党的群众观点，是群众路线的核心内容。"从群众中来，到群众中去"讲的是中国共产党的领导方法和工作方法，是群众路线的又一重要内容。如果说"一切为了群众"讲的是目的，就是为什么要这样做，那么"一切依靠群众"则讲的是手段的问题，就是如何去做、采取什么方式去做的问题。"从群众中来，到群众中去"的领导方法，是同"从实践中来，到实践中去"的认识过程完全一致的，是马克思主义认识论在领导工作中的创造性运用。"从群众中来，到群众中去"的过程，从认识论上说，也就是调查研究的过程。这就把党的实事求是的思想路线同群众路线的工作路线有机地统一起来。要做到"从群众中来，到群众中去"，首先要虚心向人民群众学习，向群众做调查工作。做到"从群众中来"，只是完成了领导工作的第一步，更重要的是要将这些从群众中集中起来的领导意见再回到群众中去，使群众认识到这些意见是符合他们的根本利益的,号召群众实行起来、化作他们自觉的行动,使党的路线、方针、政策转化成为人民群众改造客观世界的物质力量。

第二节　群众路线的形成过程

从马克思主义原理考察,群众观点和群众路线是马克思主义历史唯物主义的基本观点之一,是否承认群众观点是区别历史唯物主义和历史唯心主义的分水岭。群众路线又是党的优良传统、党的三大作风之一,坚持还是反对群众路线是中国共产党区别于其他政党的显著标志之一。

中国共产党从诞生之日起就重视群众路线,在每一个历史时期都有关于群众路线的理论论述和政策,党对群众工作的认识是伴随着党的成长轨迹逐步演进和升华的。在1922年7月,党的二大通过的《组织章程决议案》就指出:"党的一切运动都必须深入到广大的群众里面去。"在1925年10月召开的中共扩大执委会决议案中又指出:"中国革命运动的将来命运,全看中国共产党会不会组织群众、引导群众。"在1925年,党的四大就通过一系列关于群众运动的决议,并发动和领导了"五卅"运动,由此掀起了反帝反封建的群众运动高潮。毛泽东在1927年发表的《湖南农民运动考察报告》中,以亲自调查的第一手材料,生动地阐发了放手发动农民、积极组织农民、充分相信农民、坚决依靠农民的群众路线的基本观点和工作方法,是关于党的群众路线的经典著作。1927年,毛泽东领导湘赣边界的民众发动了秋收起义,起义队伍在攻打中心城市受挫后,转向敌人力量薄弱的井冈山地区开展打土豪、分田地的斗争,赢得了最广大人民群众的支持,在全国范围内成功开创了第一个农村革命根据地。井冈山革命根据地的建立,点燃了"工农武装割据"的星星之火,诠释了土地革命战争时期党的群众工作的新内涵,开辟了群众工作新领域。

1928年7月9日,在党的六大政治决议案中,明确将"争取群众"作为"现时的总路线"。由此可见,党从成立的早期,就已经有了对群众工作的高度自觉。但是,此时的群众工作理念缺乏实践的支撑,"群众"的概念,还主要局限于工人阶级和知识分子等一部分精英群体,而对于最广大的农民群体,并没有真正地发动起来。尤其是大革命失败后,党内在革命道路和方式的选择上产生了分歧,主张以城市暴动为"中心和指导者"、实行全国武装暴动的"左"倾力量占据了上风,给党的发展壮大带来了严峻的挑战。

在土地革命时期，周恩来在党中央给红军第四军前委的指示信中，论述了红军与群众关系的理论和政策，这是党史上第一次提出党的群众路线的概念。1929年9月，周恩来在其主持起草的《中共中央给红四军前委的指示信》中，公开使用"群众路线"这个科学概念，强调红军在地方工作中要注意"群众路线"这一科学工作方式的运用。在指示信中专门论述了"红军与群众"的关系，红军必须避免单纯的军事行动，而应积极与群众斗争取得密切联系，把群众日常生活斗争引导到政治斗争以至武装斗争，把广大群众团结在党的周围。要帮助群众建立自己的组织和政权，发展武装。肃反、筹款等工作要经过群众组织来做，一定要经过群众路线。信中指出："关于筹款工作，亦要经过群众路线，不要由红军单独去干。"同年12月，毛泽东在古田会议决议中指出："一切工作在党内讨论之后，再经过群众路线去执行。"

在抗日战争时期，党的群众路线已经成熟。延安整风运动中，毛泽东在《关于领导方法的若干问题》中第一次系统地、完整地阐述了党的群众观点和群众路线。1943年毛泽东在《关于领导方法的若干问题》中指出，"在我党的一切实际工作中，凡属正确的领导，必须是从群众中来，到群众中去。这就是说，将群众的意见（分散的无系统的意见）集中起来（经过研究，化为集中的系统的意见），又到群众中去作宣传解释，化为群众的意见，使群众坚持下去，见之于行动，并在群众行动中考验这些意见是否正确。然后再从群众中集中起来，再到群众中坚持下去。如此无限循环，一次比一次地更正确、更生动、更丰富。这就是马克思主义的认识论。"这是第一次从哲学高度对党的群众路线作了理论概括，把党的群众路线与马克思主义的认识论、辩证法和历史唯物论有机统一起来，表明党的群众路线达到了成熟，因此，这段经典的论述成为党的群众路线形成完备的科学理论形态的重要标志。此后，在毛泽东的倡导下，在党的工作中更加自觉地运用了群众路线的领导方法和工作方法，并使其不断丰富和完善。

1945年4月，毛泽东在党的七大所作的政治报告中，将"和最广大的人民群众取得最密切的联系"列为中国共产党的三大优良作风之一，并强调指出"群众路线是共产党区别于其他任何政党的显著标志之一"。刘少奇在作关于修改党章的报告中专门论述了"关于群众路线问题"，阐述了党的群众路线的极端重要性，将它提到了党的根本的政治路线和组织路线的高度，并概括了群众路线的基本内容：一切为了人民群众，全心全意为人民服务的观点；一切向人民群众负责的观点；相信群众自己解放自己的观点；向人民群众学习的观点。党的七大将群众路线的基本精神和内容载入了党章。中共中央还将群众路线的工作方法加以总结，作出了《关于领导方法的若干问题》的决定。在长期的斗争实践中，中国共产党已经走出了狭小的圈子，成为一个全国范围的、广大群众性的大党。

在解放战争时期，党的群众路线完全成熟并有巨大发展。党建立了最广泛的民族民主革命统一战线，在解放区充分发动群众，实行土地改革，支援解放战争，在国民党统治区也充分发动群众，形成第二条战线，这样，蒋介石就处于全民的包围之中，我们很快地取得了新民主主义革命的伟大胜利。

中华人民共和国成立以后，党在新的历史条件下发展了群众路线，领导全国各族人民，开展一系列的群众运动，建立了各级人民政权，镇压反革命，完成了土地改革，取得了抗美援朝的胜利，恢复了国民经济，顺利地进行了社会主义改造，建立了社会主义制度，为建设社会主义现代化奠定了物质技术基础和培养了科技骨干力量。

邓小平在党的八大《修改党章的报告》中曾指出："工人

阶级的政党不是把人民群众当作自己的工具，而是自觉地认定自己是人民群众在特定的历史时期为完成特定的历史任务的一种工具。"我们党是从人民中产生的，根本宗旨就是为人民服务，为人民谋利益。政党是人民实现自己利益的工具，工具的命运把握在人民手里，如果这个工具能够比较好地实现和体现人民的利益，那么人民自然就会信任它、支持它、拥护它。反之，人民对它的信任、拥护、支持就会下降。胡锦涛曾用非常朴实的语言来表达党和人民群众的关系，他说："只有我们把群众放在心上，群众才会把我们放在心上；只有我们把群众当亲人，群众才会把我们当亲人。"

但是，1958年的"大跃进"运动严重地违背了长期形成的群众路线，特别是"文化大革命"更加严重地破坏了党的群众路线，使党的事业和人民利益受到不可估量的损失。党的十一届三中全会以来，邓小平多次强调党密切联系群众的重要性，他说："我们必须恢复和发扬党的艰苦朴素、密切联系群众的优良传统。……为什么过去很困难的局面我们都能度过？根本的问题是我们干部、党员同人民群众一块苦。"经过拨乱反正，党的群众路线逐步得到恢复和发扬，人民群众在党的领导下意气风发地实行改革开放，全身心地投入社会主义经济建设工作中。但是，仍有一些干部存在着脱离群众的弊病，有的甚至很严重，在1989年的政治风波中被一些敌视社会主义分子加以利用，损害了党的形象，影响了党和群众的关系。党认真地总结经验教训，于十三届六中全会作出了《中共中央关于加强党和人民群众联系的决定》，不仅在理论上作了全面科学的论述，而且提出了一整套坚持群众路线的具体措施。这是对党的优良传统的继承和发展，也是对延安精神的继承与发扬。

1981年6月中央作出的《关于建国以来党的若干历史问题的决议》简明地将群众路线概括为"一切为了群众，一切依靠群众，从群众中来，到群众中去"。群众路线不仅仅是领导和工作方法问题，而且还涉及到了政治哲学的基本问题——人民群众的地位、党的性质、党和群众的关系等。作为一个包含诸多因素的综合体，群众路线涉及世界观、认识论和工作方法论，它体现了政治原则与领导方法的统一；政策制定与政策执行的统一；认识功能与利益表达的统一。在群众路线的两个基本组成部分中，群众观点显然居于更为基本的位置。作为领导方法和工作方法，群众路线是以群众观点为指导思想的。要贯彻群众路线，必须树立群众观点。没有明确的群众观点，就不会有真正的群众路线。换言之，群众观点是群众路线的核心所在，它是政党根本路线。

以江泽民为核心的党的第三代中央领导集体充分认识到党的群众路线这笔珍贵历史经验的现实价值。江泽民指出："什么叫政治？从根本上说，政治问题主要是对人民群众的态度问题，同人民群众的关系问题……脱离了群众就从根本上脱离了马克思主义政治，脱离了建设有中国特色社会主义的政治。"在此基础上，党的第三代中央领导集体提出"三个代表"重要思想，将其与党的群众路线很好地融合起来，构建起一个相互联系、相互作用的理论体系：一方面，群众路线是实现"三个代表"重要思想的基础和手段；另一方面，"三个代表"重要思想的要求又是群众路线和群众利益的最好体现。

党的十六大以来，以胡锦涛为核心的党中央立足于马克思主义群众观，提出"权为民所用，情为民所系，利为民所谋"的"三为民"思想，成为新时期贯彻党的群众路线的根本指针。胡锦涛指出："对于马克思主义执政党来说，坚持立党为公、执政为民，实现好、维护好、发展好最广大人民的根本利益，充分发挥全体人民的积极性来发展先进生产力和先进文化，始终是最紧要的。全国各族人民是建设中国特色社会主义事业的主体，人民群众积极性创造性的充分发挥是我们事业成功的保证，不断实现最广大人民的根本利益是我们党全部奋斗的最高目的。"习近平指出党和政府要做到"谋划发展思路向人民群众问计，查找发展中的问题听人民群众意见，改进发展措施向人民群众请教，落实发展任务靠人民群众努力，衡量发展成效由人民群众评判"。

时代的发展与变化，使我们党在新形势下坚持和贯彻群众路线时提出新要求。近年来，随着一系列新问题的出现，我们党就如何做好新时期的群众工作作出了全面部署。党的十七届五中全会针对当前群众工作中存在的各种不适应现象，提出了牢固树立群众观点的基本要求，把群众立场提高到"决定我们党的性质的根本政治问题"的高度，将群众工作纳入到党和国家工作的各领域、各方面之中，让群众路线的优良作风贯穿于党风廉政建设、社会主义核心价值体系建设和精神文明建设等具体实践中。

第三节　群众路线的基本内容

所谓群众路线，就是一切为了群众，一切依靠群众，从群众中来，到群众中去。群众路线的基本内容涵盖价值观和方法论两方面，即可以概括为正确对待人民群众的立场、观点的价值观和正确领导人民群众的方法论这样两个基本方面。

体现群众路线价值观的群众观点包括人民群众是历史创造者的观点，向人民群众学习的观点，全心全意为人民服务的观点，干部的权力是人民赋予的观点，对党负责与对人民负责相一致的观点，党要依靠群众又要教育和引导群众前进的观点，等等。

第一，一切为了人民群众，全心全意为人民服务的观点。这是党与群众关系中最基础、最基本、最重要的一条，是无产阶级政党的根本宗旨，是党一切工作的根本出发点和归宿，是无产阶级政党区别于其他政党的显著标志。中国共产党就是为了中国人民的解放和世界人民的解放而建立的，从某种意义上讲，党的历史就是为人民服务的历史。

中国共产党是无产阶级的先锋队，是无产阶级和广大人民群众利益的代表者，为人民利益而存在，为人民利益而奋斗。毛泽东在《为人民服务》的文章中说："我们共产党和共产党所领导的八路军、新四军，是革命的队伍。我们这个队伍完全是为着解放人民的，是彻底地为人民的利益工作的。"任何人都有自己的利益，因此，共产党人也承认有个人利益，承认有自己的局部利益，但必须与人民群众的利益摆正关系。当个人利益和局部利益同人民群众的整体利益或根本利益发生矛盾时，应该服从人民群众的整体利益，应该把人民群众的利益放在第一位。绝不允许为了个人利益和局部利益而损害人民群众的利益。因此，中国共产党从诞生之日起就始终铭记为人民服务的宗旨，并教育党员提高为人民服务的自觉性和为保护人民群众利益而斗争甚至牺牲的自觉性。古人曰："先天下之忧而忧，后天下之乐而乐。"亦此理也。

第二，一切向人民群众负责的观点。一切为了群众，就必须对人民负责，善于为人民服务。毛泽东指出："我们的责任，是向人民负责。每句话，每个行动，每项政策，都要适合人民利益，如果有了错误，定要改正，这就叫向人民负责。"党中央要制定出符合中国实际情况、反映无产阶级和人民群众根本利益的纲领、路线和政策。党的一切工作，必须以最广大人民的根本利益为最高标准。党提出的任务和政策如果有利于人民群众，都应该是正确的；如果不正确，即要损害人民的利益；为了使我们的服务对人民有益处，就要力求不犯或少犯错误；如果犯了错误，则要诚恳地进行自我批评，迅速加以改正。

第三，相信群众自己解放自己的观点。要相信群众能够自己解放自己。要尊重和支持人民群众的革命首创精神；一切依靠群众，既要反对命令主义，又要反对尾巴主义。尾巴主义就是放弃领导，迎合落后分子的错误意见的思想和行为。当进行某一项革命或建设任务的条件已经成熟，群众的觉悟已经达到一定程度时，领导者却对客观形势估计不足，把一部分落后群众的意见当作广大群众的意见，因而做了落后分子的尾巴，落在群众的后面，失去对群众的领导作用，这就是尾巴主义。首先，要相信人民群众是伟大的，人民群众的力量是无穷的，我们只有依靠了人民群众，才是不可战胜的。谁不相信人民群众的力量，谁就注定是要失败的，国民党蒋介石政权的垮台就是明证。其次，要相信群众自己解放自己，这就是不要自己称英雄，看不起群众。只有当群众真正认识到党的任务和政策是有利于他们的，是正确的，他们才会有自觉的行动，这种基于自觉基础上的力量才是伟大无比且不可战胜的。

第四，向人民群众学习的观点。一切依靠群众，就应该虚心向人民群众学习，应该善于从群众的议论中发现问题，提出解决问题的方针和政策。全党同志除了有全心全意为人民服务的宗旨、依靠人民群众的观点、对人民负责的态度和对人民解放事业的充分热诚和牺牲精神之外，还必须有足够的知识、卓越的才能、丰富的经验和科学的预见。要具备这些条件，就必须学习，必须深入实际。人的正确认识来源于实践，而社会实践的主体就是人民群众，所有的知识、才能、经验、预见都来自千千万万人民群众的实践，通过反复实践，使认识从感性上升到理性。而一个人的实践在时间和空间上都是有限的。因此，人的许多知识并不都来自直接的实践，而是来自他人的直接实践的间接经验。所以，必须深入群众，向群众学习，这是来不得半点虚假的。王明高高在上、指手画脚，从不深入实践，虚心向人民群众学习，所以他不是犯"左"的错误，就是犯右的错误，这就是历史的见证。

党的群众路线的群众观点还包括：放手发动群众，壮大人民力量，在我们党的领导下，解放全国人民，建立一个新民主主义的中国的观点；群众是党的力量的源泉的观点；党的一切方针政策都要以是否符合最广大人民群众的利益为最高标准，以最广大人民群众满意不满意为根本准则的观点；尊重人民主体地位，发挥人民首创精神，保障人民各项权益，走共同富裕道路，促进人的全面发展，做到发展为了人民、发展依靠人民、发展成果由人民共享的观点；党的群众路线还有一深层的观点，即在向群众学习之后，应该教育群众、领导群众去从事革命和建设事业。群众作为整体，从宏观上讲是智慧的海洋，但是作为个体，从微观上讲每个人的认识同样受到时间和空间的限制。一般来说，群众的有些认识往往停留在感性认识阶段。而那些群众中的代表性人物、政党的领袖、杰出的自然科学家和社会科学家等，他们是吸取和集中了群众的智慧的、进行了理性的升华的，他们站得高、看得远，于是，社会就赋予他们以教育群众和领导群众的使命。

从群众中来，到群众中去的过程，是群众路线的基本内容的另一个方面，体现群众路线的方法论，即正确领导人民群众的方法论。毛泽东说："在我党的一切实际工作中，凡属正确的领导，必须是从群众中来，到群众中去。这就是说，将群众的意见（分散的无系统的意见）集中起来（经过研究，化为集中的系统的意见），又到群众中去作宣传解释，化为群众的意见，使群众坚持下去，见之于行动，并在群众行动中考验这些意见是否正确。然后再从群众中集中起来，再到群众中坚持下去。如此无限循环，一次比一次更正确、更生动、更丰富。这就是马克思主义的认识论。"同时，毛泽东在1943年11月29日的《组织起来》一文中还号召："我们应该走到群众中间去，向群众学习，把他们的经验综合起来，成为更好的有条理的道理和办法，然后再告诉群众（宣传），并号召群众实行起来，解决群众的问题，使群众得到解放和幸福。"这是马克思主义群众路线、群众观点的核心，也是作为科学工作方法、领导艺术的理论基础。而共产党人区别于其他任何政党的又一个显著的标志，就是和最广大的人民群众取得最密切的联系。从认识论上说，也就是调查研究的过程。这就把党的实事求是的思想路线同群众路线的工作路线有机地统一起来。要做到"从群众中来，到群众中去"，首先要虚心向人民群众学习，向群众做调查工作。做到从群众中来，只是完成了领导工作的第一步，更重要的是要将这些从群众中集中起来的领导意见再回到群众中去，使群众认识到这些意见是符合他们的根本利益的，号召群众实行起来、化作他们自觉的行动，使党的路线、方针、政策转化成为人民群众改造客观世界的物质力量。同时，毛泽东还强调从群众中来，到群众中去的过程中，必须采取一般号召和个别指导相结合的方法。

第四节　群众路线的基本要求

一、要坚持群众观点，坚信人民群众创造历史

群众观点实际上是同马克思列宁主义一脉相承的，马克思、恩格斯说历史活动是群众的事业，列宁说只有相信人民的人，才能获得胜利并保持政权。毛泽东经常说，革命战争是群众的战争，他曾经用了五个比喻来比喻群众，第一个比喻是1931年江西瑞金第二次工农兵代表大会，把群众比作是铜墙铁壁。第二比喻是毛泽东在抗战六周年纪念的时候，把人民比喻成眼睛，说要像爱护眼睛一样去爱护人民。第三个比喻是毛泽东在七大闭幕词上讲愚公移山的故事，这个故事告诉了我们深刻的道理，在古希腊神话里面也有一个类似的愚公移山故事，就是一个神得罪了宙斯，宙斯惩罚他，让他去干一件活，就是把一个大石球从山顶推到山涧，这个球又从山涧滚下来，他再次推上去，再滚下来，他天天干一件事情。最后把那个山涧给削平了，这是古希腊的神话。东方的中国也有一个神话故事，

叫愚公移山，这个故事告诉我们，知识不是力量，重复才是力量。做群众工作重复都是重复在常识上面的，不完全是重复在知识上面。毛泽东说如果我们都像愚公那样就会感动人民群众，人民群众就是上帝。第四个比喻是毛泽东在重庆谈判回到延安后，把群众比喻为土地，他说我们共产党人要像种子，走到哪里都要生根发芽，人民就像土地。最后一个比喻就是毛泽东经常使用的比喻，即党和群众的关系是鱼水关系，而不是油水关系。

邓小平在党的八大上也讲群众观点，他讲了一个著名的群众观点叫工具论，他说党是人民群众在特定时候完成特定历史任务的工具，而不能把人民群众变成党的工具。

二、要关心群众利益，注意群众的工作方法

毛泽东曾经讲过，群众工作是一切工作的基础，群众工作做不好，一切工作免谈。在江西瑞金第二次工农兵代表大会上，毛泽东谈论江西和福建两个地方，列举了福建汀州市和江西的柴崎乡，两个地方做群众工作做得不一样。汀州市这个地方共产党人不关心农民，老百姓没有盐吃，汀州的共产党干部从来都不管；柴崎乡这个地方，老百姓的桥断了，共产党人帮

他修桥，老百姓个人的房子被烧了，共产党人帮他修房子。所以在柴崎这个地方，征兵征粮的任务很轻松就完成了。但是在汀州这里，征兵征粮的任务很难完成，道理很简单，就是群众不跟你走，你的工作也完成不好，就这么简单。所以毛泽东说，革命战争是群众的战争，要把军事工作搞好，如果不把群众工作做好，军事工作也做不好。1943年，国共的关系破裂以后，延安实际上被国民党外围封锁和包围，很多国统区的原材料进不了延安，延安只有自救，搞大生产运动。在这个时候有些人头脑就开始发热了，他们要搞大盐业计划，要搞大工业计划，要大干快上，毛泽东批评他们，说你们看看周边连市场都没有，搞什么大盐业计划、大工业计划呀。毛泽东说发展一定要关切人民的利益，发展不是冒险的无根据的发展。

三、要坚持群众的立场，转变工作作风

我们既要当群众的学生，也要当群众的老师。在延安整风前夕，毛泽东写了一篇文章，回顾了他在湖南农村考察的时候的情景，他说我们的共产党干部如果深入不到基层，就不会知道基层的情况，他说我不跟私塾先生聊天，我不知道中国的农民的税负有多么的沉重。我不跟监狱狱警聊天，我不知道中国

的监狱有多么的黑暗。毛泽东说群众生活在基层,他们最有常识,他们是最好的老师,因此,要当群众的学生。

虽然我们要当群众的学生,但当学生也不能犯尾巴主义错误,不能群众要怎么地就怎么地。所以学生也是有境界的,先要弯下身子当学生,但是也不能犯尾巴主义错误,谦卑得连自己的地位都没有了,那也不是当学生的身份;谦卑得连自己的立场都没有了,那也不是当学生的水平。所以毛泽东说还要当群众诲人不倦的老师,因为群众是需要帮助的,是需要教育的。但当老师也要会当,毛泽东说当老师也不能犯命令主义错误,不听取群众的意见,以为群众这么想,主观地去为群众设想,而不听群众的意见,用命令去驱使群众,照样不合理,所以当老师不能犯命令主义错误。这是我们群众路线里边的最高的境界。

掌握思想领导是掌握一切领导的第一位,这是做群众工作的时候,坚持群众路线的一个主要的思想。刘少奇在七大上讲我们党内的工作是群众工作,说团内的工作是群众工作,军队内部的工作也是群众工作,所以要关心我们的下级,关心我们的普通党员,关心我们的弱势党员,关心我们的基层群众、基层干部。毛泽东和刘少奇提出报纸工作如果做不好就是最厉害的脱离群众，在延安文艺座谈会上，毛泽东批评从国统区来的知识分子有知识而无常识，很多知识来自于书本是指导不了实践的，所以毛泽东要教导这些从国统区来的青年知识分子，要赶快了解延安农村里面那些农民的生活状况，要写他们的东西，这样的东西才有感染力，否则就会变成自我陶醉，自我感染，而不是去感染他人，所以毛泽东说报纸工作要接触群众。后来刘少奇在1948年召集新华社、人民日报社总编、高级编辑在平山县西柏坡开了个会。同时讲了一个观点，报纸工作如果做不好，就是最厉害的脱离群众，所以报纸工作一定要了解基层，要转作风，要改闻风，要接触基层。否则的话就只能坐在房间里边想和编，这样的东西注定没有生命力。

针对"人民公社化运动"带来的严峻问题，1961年3月23日，中共中央发出了《关于认真进行调查工作问题给各中央局，各省、市、区党委的一封信》。信中提出，最近几年，在农业、工业等方面的具体工作中发生了一些缺点错误，根本上是由于许多领导人员放松了在抗日战争和解放战争期间进行得很有成效的调查研究工作，满足于看纸上的报告，听口头的汇报，下去的时候也是走马观花，不求甚解，并且在一段时间内，根据一些不符合实际的或片面性的材料作出一些判断和决定。中央要求，县级以上党委的领导人员，首先是第一书记，要认真学习毛泽东的思想方法和工作方法，深入基层，蹲下身来，亲身进行有系统的典型调查，每年一定要有几次，当作领导工作的首要任务，并制定出制度，形成风气。刘少奇去了湖南，先后在宁乡县、长沙县进行了44天的农村调查。他不住宾馆和招待所，而是住养猪场的饲料房或生产队的空作坊，自带草席被褥，门板一架就是床。他走村串户，观察座谈，广开群言，洞悉了当地农村的种种问题。周恩来亲率调查组去了河北的武安县和涉县。在武安县伯延公社，他除了召开各级干部会议听汇报，更多的时间是与社员们就公共食堂、供给制、评工记分等问题促膝交谈。年逾古稀的朱德同志也到河南、四川、陕西等省视察，对各地包产、退赔、分配兑现、自留地、公共食堂等问题进行了深入的考察总结。邓小平、彭真直接领导的5个工作组进驻京郊顺义县和怀柔县农村，经过一个多月的调查，他们联名写信给毛泽东，提出对于供给制、粮食征购和余粮分配、"三包一奖"、评工记分、食堂、所有制方面的问题要加以改进，有些政策要加以修正。在中央领导的带动下，地方各级领导干部亦大批下到社、队，在基层与工农为伍，从而大大恢复和发扬了党的深入群众、调查研究的优良传统和作风。

1961年10月23日，邓小平在接见参加团中央工作会议的全体同志的讲话中指出："我们做群众工作，不是满足于那个热热闹闹，主要的是要做经常的、细致的工作，做人的工作。为什么我们过去在农村工作做得那样好？就是因为做得深入。我们甚至做一件事情可以不登报也能搞好。禁鸦片烟，不登报，完成了；土地改革和镇压反革命，不登报，完成了。这就是靠家喻户晓。"中国是一个以家庭为本位的社会，如果我们的群众工作做不进家庭，就很难收到成效，只有群众工作做进了家庭，群众工作才会成功，所以邓小平说了一句话叫"家喻户晓"。因此，邓小平强调我们要把大量的工作放到群众中去，同他们一块生活、一块活动，一块说笑，一块下棋，然后去做工作。一不要党气，二不要团气。

第五节　坚持群众路线的经验

我们在党的历史上坚持群众路线有很多好的经验。

第一，要与最广大人民群众保持紧密联系，并抓住关键性群体。在群众工作当中，面上要抓，点上也要抓，往往很多时候点带动了面,关键性群体非常重要,只要把关键性群体牢牢抓住,党就有立足之地。在党的历史上我们曾经多次抓住关键群体,第一个关键群体是中国的青年,中国共产党的基因里面流着青年人的血液,五四运动塑造了中国最早走向新中国政治舞台的那批精英,他们都是青年人,都是青年知识分子,所以中国共产党血液基因里面流着青年人的血液,所以中国共产党才能做到永远与时俱进。1922年,中国共产党建立了共产主义青年团,这是第一个群体。第二个群体是妇女,1930年,江西瑞金,我们党率先牢牢抓住妇女这个关键性群体。毛泽东在湖南的农村观察,说男人受三权的压迫,女人受"四权"的压迫,增加了一个夫权。第三个关键性群体就是民族资产阶级中上层,1947年,国民党宣布民盟非法,民盟迁到了香港,民盟声明不支持国民党,其他民主党派在大陆也宣布支持共产党,中国共产党与民主党派一起合作,形成了中国特色的多党合作制度,中国共产党正是有了这些阶层的支持,才加速了中国共产党领导革命的胜利。

第二,要善于给人民群众看得见的物质福利与荣誉。毛泽东指出必须给人民群众看得见的物质福利。光给物质福利对不对?也不全对,还要给荣誉。在延安的时期,共产党特别善于给老百姓荣誉，当时北平大学有一个教师叫埃德加斯诺，他在一个假期带了几个学生来到了延安，观察了中国共产党艰苦卓绝的抗日斗争，把毛主席的照片通过他的书宣传到全世界，使世界了解了八路军艰苦的斗争。其中埃德加斯诺在观察当中发现，在过去延安会场最重要的戏院里，坐在最好位置上的人，不是党的领导干部，而是伤残军人的家属，这是给荣誉。拥军拥属是中国共产党的一个好传统，当时中国共产党可以说是深入人心，因为中国共产党尊重老百姓，给予老百姓荣誉，荣誉的效果也不比物质福利的效果差。

第三，要善于把群众组织起来。1930年，中国共产党在江西瑞金把农民组织起来，成立犁牛社、耕田社，成立合作社。到了延安，中国共产党成立了形形色色的合作社，到了河北新街坊区，也成立了形形色色的合作社。我们建国初还是走了这条路，组织起来进入初级合作社，可惜我们后边走得太快，把初级迅速变成了高级，最后演化成了人民公社，农民可以进来不可以出去，所以农民的生产积极性基本消失殆尽，出工不出力是我们人民公社经济效益低下的根源。过去把合作社整成超大型的合作社，没有自由退出机制，导致了我们人民公社的弊端。我们在城市成立单位体制，用两个最重要的方式把全中国人组织起来，使一根根的筷子变成了一把筷子，虽然我们当时的国力很弱，但是我们的力量很强大，谁也折不断我们。

第四，在群众当中发现并培养群众领袖。在革命战争年代，毛泽东、刘少奇、陈云、周恩来和邓小平等领导人经常讲群众领袖这个观点。刘少奇有一次在陕西晋中开会，他讲华中这个地方是怎么培养共产党干部，他说我们把县长派下去，一派下去开始不是县长，而是先让他去当群众领袖，跟群众摸爬滚打，混在一起。变成了群众领袖以后，群众用选票把他选回县长，这是当时表扬湖北的共产党干部怎么当县长的逻辑。即让他们先当群众领袖，群众用选票最后把他们培养为县长。

第五，整顿党的基层组织，巩固基层组织对党的信任。走群众路线如果基层组织软弱涣散，对我们党的形象的影响特别大。在解放战争时期，邓小平就曾经批判过中国的村镇之弊端，莫过于村款之浩大。后来刘少奇到了新解放区去调查，几乎所有的村官都腐败。如果村基层组织都完全软弱涣散了，中国共产党领导人民群众去打蒋介石，怎么可能在短短三年就成功了呢？后来中央立刻行动，实行一种办法，上面派出工作组，下边搞群众运动，这场运动被称为"洗脸擦黑"。所有的村干部，所有的乡干部脸上有一点痕迹都得洗干净，老百姓很高兴地说："活了一辈子，没有看到可以监督村官。"这场运动有人开玩笑说，上面的工作组就是一把刀，拿谁开刀，下边的群众运动就是一盆火，群众的怒火，所有的干部经过这个刀和火的考验，必须老老实实，坦坦荡荡做人。这就是中国共产党为什么能获取人民群众，能构建党内这么高程度的廉洁的原因，这就是"开门整党"。

第六，反对官僚主义干部与群众整成一片。官僚主义是毛泽东最痛恨的，所以在毛泽东的论述中，反官僚主义是他的主要思想之一。毛泽东一生恨官僚制，恨官僚主义，他把那个官僚制等同于资产阶级法权。毛泽东最推崇的就是鞍钢宪法，鞍钢宪法的核心内容是"干部参加劳动，工人参加管理；改革不合理的规章制度；管理者和工人在生产实践和技术革命中相结合"，简称"两参一改三结合"。干部参加劳动，工人参加管理，改革不合理的管理体制，干部、技术员、工人三结合。毛泽东在代表中央所写的批示中说："鞍钢是全国第一个最大的企业，过去他们认为这个企业是现代化的了，用不着再有所谓技术革命，更反对大搞群众运动，反对两参一改三结合的方针，反对政治挂帅，只信任少数人冷冷清清地去干，许多人主张一长制，反对党委领导下的厂长负责制，认为'马钢宪法'（苏联一个大钢厂的一套权威性的办法）是神圣不可侵犯的。"现在这个报告，不是马钢宪法那一套，而是创造了一个鞍钢宪法。鞍钢宪法在远东、在中国出现了。大中企业，一切大城市都要把它当作一个学习文件，有领导地实行伟大的马克思列宁主义的城乡经济技术革命运动。

我们再看看邓小平讲群众工作，1979年在党政军副军以上的高级干部的讲话当中，邓小平讲到一个故事，说过去我们的领导干部到了基层单位，首先要到厨房去看看，到厕所去看看。厨房里面把锅盖子敲开看看，厕所里面把水龙头拧开看看，为什么要这样做？主要是关心下级群众的生活，上级在关心我们，哪怕再穷再苦，他跟我们一起穷，一起苦。江泽民在1998年党外人士春节团拜会上有一个讲话。他讲了一个故事，他说有一个外国企业家来到中国，兼并了中国的一个企业，这个企业里边有300多名工人。这个企业家为了把这个工厂的下一步发展战略规划好，居然与300多名工人谈，一个一个地谈，而且谈了三个月的时间，江泽民对所有共产党干部和党外干部有感而发，说为什么一个外国商人居然与我们中国工人一个一个谈，而且谈了那么长时间，恐怕我们自己也做不到。

第六节　群众路线的历史价值

"群众路线"是中国共产党长期革命和建设经验的总结，是毛泽东思想活的灵魂的基本方面之一，是党的科学的领导方法，是历史唯物主义的生动体现。群众路线是党的根本路线，这是由我们党的全心全意为人民服务的宗旨所决定的。全心全意为人民服务，密切联系群众，是我们党区别于其他任何政党的显著标志。群众路线集中体现了党的优良传统和作风，对党的巩固和发展有着重要的理论和实践意义。

一、坚持群众路线是中国共产党的政治优势和优良传统

坚持群众路线是我们党的政治优势和优良传统。密切联系群众是我们党的最大政治优势，实践群众路线是我们党的

最大制胜法宝，脱离群众是十分危险的。邓小平曾指出，党的领导的本质内容是群众路线。他说："什么是党的工作中的群众路线呢？简单地说来，它包含两方面的意义：在一方面，它认为人民群众必须自己解放自己；党的全部任务就是全心全意地为人民群众服务；党对于人民群众的领导作用，就是正确地给人民群众指出斗争的方向，帮助人民群众自己动手，争取和创造自己的幸福生活。因此，党必须密切联系群众和依靠群众，而不能脱离群众，不能站在群众之上；每一个党员必须养成为人民服务、向群众负责、遇事同群众商量和同群众共甘苦的工作作风。在另一方面，它认为党的领导工作能否保持正确，决定于它能否采取'从群众中来，到群众中去'的方法。"党的领导是思想、政治和组织的领导。从根本上说，党是人民群众的引导者和组织者。党依靠自己正确的思想路线、政治路线和组织路线，为人民群众指明前进的方向，认清自己的利益和使命，提高人民群众的觉悟，统一人民群众的思想和行动，团结带领群众为实现自身根本利益而奋斗。党要在群众工作中不断加强和改善领导，提高党的群众工作水平。因此，坚持群众观点和群众路线是实现党的正确领导的基础。

二、密切联系群众是中国共产党兴旺发达的法宝

密切联系群众是党兴旺发达的法宝。党的群众路线始终是党安身立命的根本。如果背离群众观点,丧失群众立场,违反群众路线,放弃群众工作,改革就会失去支撑,发展就会失去动力,稳定就会失去基础,社会就会失去活力。保持党同群众的密切关系,关系到党的兴旺发达,关系到人心向背,关系到社会主义事业的兴衰成败。人民群众是我们党的先进之源、智慧之源、领导和执政之源。离开了人民群众,党就失去了存在的基础和根本。中国共产党是一个历来高度重视并善于做好群众工作的党,是一个在与人民群众密切联系和共同战斗中诞生、发展、壮大、成熟起来的党。党从诞生之日起,就把为人民服务、为人民谋利益作为唯一宗旨。做好群众工作,密切联系群众,是我们党区别于其他任何政党的显著标志。中国共产党是一个历来高度重视并善于做好群众工作的党,是一个在与人民群众密切联系和共同战斗中诞生、发展、壮大、成熟起来的党。

三、群众路线是中国共产党的领导方法和根本工作方法

群众路线还具有方法论意义，它是党的领导方法和根本工作方法。要集民智，虚心听取群众意见。党在革命和建设的岁月里，一直注重听取群众意见、汇集众人智慧，使各项制度设计充分吸纳了各界群众的智慧与意见，确保了制度的科学性和有效性。然而当下，个别部门在制度设计过程中，缺少必要的调查研究，忽视了群众的意见和智慧，导致制度脱离实际，难以执行。所以，我们要引以为戒，鼓励公众参与制度设计，发表不同意见，才能保障制度的科学性和有效性。群众路线领导方法是领导活动目标实现的根本保证。群众路线，是以毛泽东为主要代表的中国共产党人把历史唯物主义的群众观点同辩证唯物主义的认识论有机地统一起来，在长期的革命实践中形成的。毛泽东曾经从马克思主义认识论的角度阐述党的群众路线，从根本上阐明了群众路线的务实本质。毛泽东指出的所谓正确处理人民内部矛盾，就是我们党经常说的，走群众路线问题。共产党要善于同群众商量办事，任何时候也不要离开群众。党群关系好比鱼水关系。如果党群关系搞不好，社会主义

制度就不可能建成，就算社会主义制度建成了，也不可能巩固。历史证明：什么时候坚持群众路线，党的工作就胜利，党的事业就发展，什么时候背离了群众路线，党的工作就遭挫折，党的事业就受损失。今天，在新的历史条件下坚持群众路线及其务实本质，就要从转变思想作风和工作作风做起，加强党的群众工作。过去，我们的干部骑着自行车下基层，戴着草帽进农户，朴素的工作作风，平易近人的交流，群众能同干部讲真心话，群众工作富有成效。在新的历史时期，切实转变作风，做到群众的门走得进、群众的话听得进，领导干部深入基层，到老百姓身边去，直接听取群众意见，甚至直接到有意见的群众那里谈心，人对人、面对面、手拉手、心连心，效果很好。

第二章　一切为了群众，把人民放在心中最高位置

胡锦涛在庆祝中国共产党成立90周年大会上发表重要讲话，要求全体党员"必须始终把人民利益放在第一位，把实现好、维护好、发展好最广大人民根本利益作为一切工作的出发点和落脚点"。把人民放在心中最高位置，和共产党人的宗旨息息相关，也和共产党人所承担的历史使命息息相关。密切联系群众，是我们党最大的政治优势。中国共产党的奋斗历史告诉我们，什么时候党和人民联系紧密，事业什么时候就能顺利前进；什么时候脱离群众，事业就会遭遇困难甚至挫折。任何一个政党都有自己的方向目标和价值追求，为谁立命、为谁谋利始终是一个根本性、方向性问题。我们党从诞生之日起，就把实现人民解放和幸福鲜明地写在自己的旗帜上，融入到全部的奋斗实践中。正是因为这样，我们党才赢得了人民群众的拥护支持，凝聚起巨大的前进力量。

中国共产党是1921年在南湖的小船上，13个代表开会宣告诞生的，经历90多年的探索奋斗，成为今天一个有着8000万党员、执政60多年的执政党，这个发展壮大历程，没有人民的支持是无法想象的。人民为什么支持这个政党？因为这个政党从一诞生就宣告自己来自于人民，是为人民谋利益的。回顾历史，胡锦涛明确地指出："90年来党的发展历程告诉我们，来自人民、植根人民、服务人民，是我们党永远立于不败之地的根本。"密切联系群众是我们党的最大政治优势，脱离群众是我们党执政后的最大危险。要克服这个最大的危险，我们从思想上，必须要正确认识和把握党和人民之间的关系。始终把人民放在心中最高位置。我们党除了人民利益，没有自己的特殊利益。我们党在长期执政和市场经济条件下，党内有少数党员干部腐化变质了，他们利用手中权力获得了某些既得利益，而当我们要深化改革的时候必然要消除和剥离这种既得利益。因此，我们要明确区分既得利益和党的根本利益所在，把既得利益从党的根本利益中剥离出来。一个执政党，她的根本利益就在于怎么赢得人民的信任和支持，怎么能够继续执政。在这个问题上，胡锦涛在讲话中强调我们要以人民的利益为最高利益。人民的利益是我们党的根本利益之所在。振兴中华、实现中华民族的伟大复兴是人民的根本利益之所在。在市场经济条件下，在社会利益分化明显的今天，中国共产党更要关注社会最大多数成员的普遍利益，创造条件让困难群体、弱势群体有比较好的发展机会与发展前景，让改革的成果惠及每个人，实现人民的共同富裕。

第一节　利为民所谋

1934年1月，毛泽东在《关心群众生活，注意工作方法》一文中指出："要得到群众的拥护么？要群众拿出他们的全力放到战线上去么？那么，就得和群众在一起，就得去发动群众的积极性，就得关心群众的痛痒，就得真心实意地为群众谋利益，解决群众的生产和生活的问题，盐的问题，米的问题，房子的问题，衣的问题，生小孩子的问题，解决群众的一切问题。我们这么做了么？广大群众就必定拥护我们，把革命当作他们的生命，把革命当作他们无上光荣的旗帜。"毛泽东70多年前讲的这番话，揭示了一个明白无误的逻辑关系：只有我们把群众放在心上，群众才会把我们放在心上，只有我们真心实意为群众谋利益，群众才会坚定不移地跟党走。2002年底，刚接任中共中央总书记不久的胡锦涛视察西柏坡，便提出"权为民所用，情为民所系，利为民所谋"的主张。2003年6月，该提法被凝练、融入到对"三个代表"思想的学习内容序列，2007年秋季，写入了十七大报告。这是对中国共产党党员干部提出的政治要求。这一要求体现了中国共产党人对权力本质认识的高度自觉和对权力行使目标的鲜明态度，对中国社会政治权力的健康运行具有极其重大的示范与规范意义，也有力地保障了人民当家做主的权利。

改革开放的伟大成果是人民群众创造的，人民群众应当得到享受。党的十一届三中全会以来，在邓小平理论指导下，在推进改革开放和社会主义现代化建设的过程中，我们党始终尊重人民群众的首创精神和伟大实践，中国特色社会主义事业取得了辉煌成就。改革开放30多年是新中国成立以来我国经济社会发展最为迅速、最为成功的时期，也是人民群众的积极性、主动性、创造性发挥最为充分的时期。改革开放的伟大成果是在邓小平理论指导下，人民群众创造的。应该如恩格斯所说的那样，使"所有人共同享受大家创造出来的福利"。人民群众应当享受改革开放的成果。总结历史经验教训，共产党必须为群众谋利益。东欧剧变，苏联解体，不仅是被国内外的反共势力所搞垮，也是被工人阶级和人民群众所抛弃。这是导致东欧剧变和苏联解体的决定因素之一。历史经验证明，人心向背是关系党的生死存亡的重大问题，党的生命力和执政基础就在于始终保持同人民群众的血肉联系。对于执政党来说，最重要的是必须首先考虑并满足最大多数人的利益要求，最大多数人的利益是最紧要和最具决定性的因素。党只有牢固确立人民群众创造历史的主体地位，始终与人民群众同呼吸、共命运、心连心，坚决反对脱离群众、以权谋私，把群众冷暖时刻放在心上，实现人民的愿望、满足人民的需要、维护人民的利益，才能永远立于不败之地。

一、利为民所谋是我们党的执政理念

马克思、恩格斯在《共产党宣言》中指出："过去的一切运动都是少数人的或者为少数人谋利益的运动。无产阶级的运动是绝大多数人的、为绝大多数人谋利益的独立的运动。"中国共产党从它登上历史舞台的那一天起，就代表了中国最广大人民群众的根本利益，并为之进行了最英勇、最顽强、最坚韧的斗争。早在60多年前，毛泽东发表了著名讲演《为人民服务》，第一次用最通俗而又最深刻的语言表明了中国共产党的根本宗旨。后来毛泽东又在不同场合多次论述过全心全意为人民服务这一党的根本宗旨。改革开放以后，邓小平反复强调要把人民拥护不拥护、赞成不赞成、高兴不高兴、答应不答应作为衡量我们党的各项方针、政策和工作的标准。党的第三代中央领导核心江泽民，结合世纪之交党的建设的新形势、新任务，将"立党为公、执政为民"作为践行"三个代表"重要思想的本质要求。党的十六大以来，党中央明确提出了以人为本的科学发展观，强调发展为了人民、发展依靠人民、发展成果由人民共享等重要思想。所有这些都充分说明，我们党在领导革命、建设和改革的过程中，始终坚持了党的根本性质和全心全意为人民服务的根本宗旨，坚持了以人为本、执政为民的根本要求，并把它始终贯彻于党的全部工作和全部活动之中。正因为这样，我们党才真正代表了中国社会发展的前进方向，进而也得到了中国最广大人民群众的真诚拥护。在新的历史条件下，要想始终保持党同人民群众的血肉联系，就必须不断强化全党的宗旨意识，不断夯实以人为本、执政为民的思想基础，自觉做到权为民所用、情为民所系、利为民所谋，自觉把实现好、维护好、发展好最广大人民群众的根本利益作为一切工作的出发点和落脚点。党的十六大党章规定："中国共产党是中国工人阶级的先锋队，同时是中国人民和中华民族的先锋队，是中国特色社会主义事业的领导核心，代表中国先进生产力的发展要求，代表中国先进文化的前进方向，代表中国最广大人民的根本利益。党的最高理想和最终目标是实现共产主义。""中国共产党党员必须全心全意为人民服务，不惜牺牲个人的一切，为实现共产主义奋斗终身。"这是新的历史条件下对党的先进性内涵最完整、最科学、最新的概括，体现了时代发展对党的先进性的新要求。这也充分证明，我们是立党为公、执政为民的政党，全心全意为人民服务是党的根本宗旨。党的宗旨和性质完全决定了共产党员全心全意为人民群众谋利益，不断满足人民群众日益增长的物质文化需要，切实保障人民群众的经济、政治和文化权益，让社会主义现代化建设的成果惠及全体人民。

利为民所谋，是牢记立党为公、执政为民的执政理念，常修为政之德、常思贪欲之害、常怀律己之心，自觉做到权为民所用、情为民所系的最终体现。人民群众的整体利益总是由各方面的具体利益构成的。我们所有的政策、措施和工作，都应该正确反映并有利于妥善处理各种利益关系，都应认真考虑和兼顾不同阶层、不同方面群众的利益。但是，最重要的是必须首先考虑并满足最大多数人的利益要求，这始终关系党的执政的全局，关系国家经济政治文化发展的全局，关系全国各族人民的团结和社会安定的全局。最大多数人的利益是最紧要和最具有决定性的因素。这是马克思主义的基本观点，各级领导机关和领导干部必须充分认识和认真实践。我们党始终坚持人民的利益高于一切，党除了最广大人民的利益，没有自己特殊的利益。所有党员干部必须真正代表人民掌好权、用好权，而绝不允许以权谋私，更不允许形成既得利益集团。

二、利为民所谋是马克思主义的根本点

共产党员要为群众谋利益，是马克思主义的根本点。马克思主义认为，社会发展史首先是生产发展的历史，同时是物质资料生产者本身的历史，也就是作为生产过程基本力量的劳动群众的历史。这是马克思主义对待群众的根本立场。马克思、恩格斯在《共产党宣言》中深刻阐述了共产党的宗旨是为广大人民群众谋利益。

人民群众是历史的创造者，历史发展的成果必须回报人民群众。历史唯物主义告诉我们，无论生产劳动的发展还是生产关系的变革，人民群众都是主体。这是历史唯物主义的群众

观,是马克思主义政党对待群众的根本立场。建党90多年来,我们党始终坚持历史唯物主义的群众观,坚持人民群众的历史主体地位。在建设中国特色社会主义的实践中,人民群众不仅是创造社会主义物质文明、政治文明、精神文明的主体,而且是促进社会全面进步、实现人的全面发展的主体。只有确立人民群众的历史主体地位,才能提高为人民谋利益的自觉性。

三、利为民所谋是"三个代表"的要求

中国共产党始终代表中国先进生产力的发展要求、中国先进文化的前进方向、中国最广大人民的根本利益,是我们党的立党之本、执政之基、力量之源。实现人民的愿望、满足人民的需要、维护人民的利益,是"三个代表"重要思想的根本出发点和落脚点。"三个代表"重要思想的实质是"立党为公、执政为民",能否牢牢把握这个实质,是衡量有没有真正学懂、是不是真心实践"三个代表"重要思想最重要的标志。利为民所谋,要求各级党员干部要执政为民,造福于民,这是党的宗旨和"三个代表"重要思想在每个党员干部思想上和行动中的具体体现。回顾我党从成立到现在,始终在为实现人民福祉而奋斗,也是因为我党一直把谋求人民的利益作为立党之

本、执政之基,才得到人民的拥护,从实现人民当家做主到民族伟大复兴,人民始终与党并肩作战,肝胆相照。在革命战争年代,共产党人带领群众浴血奋战,实现了民族独立和解放,推翻了三座大山,实现人民群众当家做主人,这是中国人民群众第一次真正成为国家和民族的主人,中国人民从此站起来了,实现了主宰自己的命运的根本愿望;和平建设时期,从建国百废待兴到改革开放,再到实现小康社会,党围绕执政兴国所做的一切努力,是为了不断提高人民群众的物质文化生活水平,中国共产党实现独立解放的人格权益,努力提高人民的生活水平,提高人民的生活质量,把人民的生存权益和幸福生活尊严作为全部事业的根本。因此,为人民谋福利,实践三个代表,就必须坚持利为民所谋,把为民造福作为自己的最大职责和最高使命,作为各项工作的出发点和落脚点,不断为人民谋取更多的利益,创造更大的福祉。

四、利为民所谋是落实科学发展观的需要

发展是我们党执政兴国的第一要务。必须坚持以经济建设为中心,这一点任何时候都不能动摇。发展可以有不同的道路,但能够缓和社会矛盾的发展,必须是全面的发展。我们党

提出的科学发展观，阐明发展不仅仅是经济增长，而应包括不断满足人民群众多方面需要和促进人的全面发展。单纯追求经济增长，必然导致为生产而生产，忽视甚至损害人民群众的利益。因此，以最广大人民的根本利益为党全部工作的出发点和落脚点，必然要求树立和落实科学发展观，充分考虑广大人民的需求，为人民群众的发展创造良好环境和条件，保证发展的成果惠及全体人民，促进人的全面发展。要在经济发展的基础上，不断发展社会主义物质文明、政治文明、精神文明，尊重和保障群众的经济、政治和文化权利，创造人们平等发展。只有这样，发展才有根本的动力和正确的目标，实现可持续发展。把最广大人民的根本利益作为党全部工作的出发点和落脚点，要求我们深入体察广大人民群众的意愿，兼顾不同群众的利益需求，并把广大人民群众的利益体现在发展的思路、措施和各项部署中，落实到发展的具体工作中。把最广大人民的根本利益作为全部工作的出发点和落脚点，是坚持群众路线的需要。

党的根基在人民，血脉在人民，力量在人民。要保持共产党的先进性，就必须始终保持党同人民群众的血肉联系。一切相信群众，一切依靠群众，从群众中来，到群众中去的群路线，是我们党在长期的革命和建设实践中探索出的一条根本工作路线。把广大人民群众的根本利益作为全部工作的出发点和落脚点，要求我们关心群众疾苦，倾听群众呼声，研究群众利益，体察群众情绪，解决群众困难，始终与群众心连心、同呼吸、共命运。只有相信群众、依靠群众、联系群众、反映群众，才能真正代表和符合人民群众的根本利益。

五、利为民所谋是建设和谐社会和全面建成小康社会目标的需要

实现社会和谐，建设美好社会，始终是人类孜孜以求的社会理想，建设社会主义和谐社会，是我们党坚持立党为公、执政为民的必然要求，是我们党实现好、维护好、发展好最广大人民的根本利益的重要体现。构建社会主义和谐社会，必须坚持以邓小平理论和"三个代表"重要思想为指导，努力使我们的社会成为民主政治、公平正义、诚信友爱、充满活力、安宁有序、人与自然和谐相处的社会。党的十八大报告指出，建设中国特色社会主义，总布局是经济建设、政治建设、文化建设、社会建设、生态文明建设五位一体。五位一体布局着眼于全面建成小康社会、实现社会主义现代化和中华民族伟大复

兴。建设和谐社会，全面建设成小康社会必须有和谐的政治和社会环境，形成相互尊重、相互理解、相互信任、相互关心的人际关系。没有和谐的政治和社会环境，形成一个人人想干事、人人能干事、人人干成事的社会环境，一切发展都无从谈起，无论多么好的规划和方案也都无法实现。只有在和谐的社会环境中推进经济建设、政治建设、文化建设、社会建设、生态文明建设，努力实现全面建成小康社会目标，才能进一步密切党同人民群众的血肉联系，巩固党的执政基础。

案例：公仆本色杨善洲

　　杨善洲从事革命工作近40年，生前曾任保山地委书记。在任期间，面对家属"农转非"的多次机会，杨善洲要么直接推脱，要么将申请表藏进抽屉，直到去世后才被发现。"大家都去吃居民粮了，谁来种庄稼？我们全家都乐意和8亿农民同甘共苦建设家乡。"到了退休的年纪，组织上想安排杨善洲去昆明安享晚年，他又一次婉言谢绝。长期乱砍滥伐，大亮山生态遭到破坏，水土流失严重。"我要为百姓做几件实实在在的事情。"冲着这句承诺，杨善洲在卸任后一头扎进了荒草丛生的大亮山，住竹篾搭的屋子、睡树桩搭的床，他希望给乡亲们再造山清水秀。

自那以后，杨善洲与林场职工同吃同住，每天从早忙到晚，雨季植树造林，旱季巡山防火。创业初期资金短缺，老书记把平时种下的几十盆盆景全部移栽到大亮山上，他甚至跑到大街上去捡别人丢弃的果核，积少成多，用马驮上山。

担任林场负责人的20多年间，杨善洲不要分文报酬，只肯接受每月70元的伙食补助。他为林场争取了近千万的资金，却从未私自动过一分钱。走了不知多少路，吃了不知多少苦，杨善洲带领工人植树造林7万多亩，林场林木覆盖率超过87%，修建18公里的林区公路，架设4公里多的输电线路。

第二节　权为民所用

一切为了人民、一切依靠人民，是我们党一切工作的根本出发点和落脚点；来自人民、植根人民、服务人民，是我们党永远立于不败之地的根本；始终坚持以人为本、执政为民，是我们党的性质和全心全意为人民服务根本宗旨的集中体现，是指引、评价、检验我们党一切执政活动的最高标准。马克思主义认为，政党是阶级的工具。邓小平在党的八大上所作的《关于修改党的章程的报告》中指出："归根结底地说来，历史是人民群众创造的。工人阶级必须依靠本阶级的群众力量和全体劳动人民的群众力量，才能实现自己的历史使命——解放自己，同时解放全体劳动人民。人民群众的觉悟性、积极性、创造性愈是发展，工人阶级的事业就愈是发展。因此，同资产阶级的政党相反，工人阶级的政党不是把人民群众当作自己的工具，而是自觉地认定自己是人民群众在特定的历史时期为完成特定的历史任务的一种工具。"这段论述阐述了一个基本思想，在党和人民群众的关系中，党承担着双重功能：既是人民群众的领导，又是人民群众的工具。在新的历史条件下，邓小平这一思想对我们处理好党群关系仍然具有现实的指导意义。在党的队伍中，每一个人都是人民的勤务员，都应该正确处理个人利益同群众利益的关系。当个人利益与群众利益发生矛盾时，应当服从群众的利益，甚至为了群众的利益而牺牲自己的一切。因此，要当好人民的"工具"，就必须为人民掌好权、用好权。毛泽东说："我们的权力是谁给的？是工人阶级给的，是贫下中农给的，是占人口百分之九十以上的广大劳动群众给的。"人民群众将权力授予我们，我们就应当将权力掌好、用好，否则，人民群众就会收回权力，不用我们这个"工具"。因此，我们要做到"公器"公用，将权力用来为老百姓办事，私用即盗，更不能把它当成自己的私产。我们要让群众感到工具好使好用。绝不能"公器"私用，为己谋利，要切实做到权为民所用、情为民所系、利为民所谋。正是因为我们党始终重视并善于开展群众工作，既站在群众的前面引导群众，又时刻关心群众的切身利益，并不断给人民群众带来看得见、摸得着的实惠，人民群众才真心实意地拥护党，无怨无悔跟党走。

在我们国家，人民是国家主人，中国共产党的执政地位、社会主义国家的一切权力，都是来自于人民。因此，人民的权力必须始终用来为国家和人民谋利益，为人民服务，而绝不能把它变成谋取个人或少数人私利的工具。在先秦的政治经典《书经》中，爱民如子、权为民所用的教导言之谆谆：君主虽说受命于天，但必须明白"民为邦本，本固邦宁"，因为"天视自我民视，天听自我民听"，"天矜（怜）于民，民之所欲，天必从之"，即统治的合法性是天意与民意的统一。

早在1945年面临"两个中国之命运"时，毛泽东就在《论联合政府》一文中提出，共产党人的权力观是"一切从人民的利益出发，而不是从个人或小集团的利益出发"；在《抗日战争后的时局和我们的方针》中也提出："我们的责任，是向人民负责，每句话，每个行动，每项政策，都要适合人民的利益。"我国宪法更庄严宣告天下："中华人民共和国的一切权力属于人民。"国家与政府的公权力是人民所授，必须服务于人民，是国家政权合法性的基础，这是现代政治学的常识。

权力的本职在于服务，执政党于新时期着力辨析政党与国家、权力与民众之间的关系，是对"为人民服务"执政理念的重申。在社会快速发展的30多年的时间中，中国共产党对于执政规律的思考也有了前所未有的积累，其对权力的认知、对政治理念的更新不乏积极成果。上世纪80年代，邓小平曾说"领导就是服务"，20世纪90年代，江泽民亦将树立正确的权力观作为加强执政党建设的核心内容，多次强调并告诫，在革命党向执政党的转变历程中，"能否正确看待和行使人民赋予的权力，始终保持同人民群众的血肉联系，是一个必须长期经受的根本性考验"。我们党是马克思主义执政党，党的领导干部手中拥有权力，但这些权力是人民群众赋予的。来之于民的权力必须用之于民，如果权不为民所用，就是忘本，就是背叛，就不配做共产党的领导干部。如何运用手中的权力，是领导干部世界观、人生观、价值观的集中体现。始终不渝地做到权为民所用，是领导干部的立身之本和行为准则。各级领导干部特别是高级干部，一定要在权为谁所用这个根本问题上自省、自重、自警、自励，树立正确的权力观，牢记全心全意为人民服务的宗旨，忠诚实践"三个代表"，把最广大人民群众的根本利益维护好、实现好、发展好。

2004年，中共中央《关于加强党的执政能力建设的决定》强调"党的执政地位不是与生俱来的，也不是一劳永逸的"。不难看出，政党理论与实践都远不止于关注权力的内容与运转，同时也在重申权力来源的命题。回答"权力如何行使"的问题，无法绕过"权力来自何方"的叩问。在现行宪法中，"一切权力属于人民"不仅是表述，更是共和国国家理想的根本立足点与皈依处。在此基础上探讨"权为民所赋"的命题，具有历史必然性与迫切性。

权为民所用，是党的立党为公、执政为民的执政理念的具体体现，并集中表现为树立和实践正确的权力观。胡锦涛2005年1月在新时期保持共产党员先进性专题报告会上的讲话中就特别强调了"树立和实践正确的权力观的问题"。他指出："作为领导干部必须牢记我们手中的权力是人民赋予的，只能用来为人民谋利益，而绝不能用来为自己谋私利，要始终为人民掌好权、用好权。"共产党员需要清醒地认识到：第一，我们党在革命战争时期是代表人民并领导人民去夺取政权的，革命胜利以后则要代表并领导人民掌握和行使好国家的各项权力。第二，我国是社会主义国家，人民是国家的主人，中国共产党的执政地位、社会主义国家的一切权力，都是来自于人民的。我们手中的权力说到底都是人民赋予的。第三，必须运用人民赋予的权力为国家的安全、发展和富强服务，为人民群众的团结、富裕和安宁服务。一句话，必须始终用来为国家和人民谋利益，而绝不能把它变成谋取个人或少数人私利的工具。第四，共产党员都必须始终信守为人民掌握和行使权力的正确原则，同时要始终自觉地接受党和人民对自己行使权力的监督。恩格斯讲过："要防止国家和国家机关由社会公仆变为社会主人。"实践马克思主义国家学说的这一基本原理，是保持共产党员先进性的关键环节。

2010年9月，习近平在中央党校秋季开学典礼上讲话，要求党的干部确立正确的世界观、权力观、事业观，提出"马克思主义权力观概括起来是两句话：权为民所赋，权为民所用"，并特别指出"权力的行使与责任的担当紧密相联，有权必有责"。对于权力来源的思考与讨论，现代政治理论以社会契约学说作为逻辑起点，要防止滥用权力，则必须以权力约束权力，而对权力的约束，恰是对社会创造力的释放、对民众权利的尊重与保障。诚如十八大报告所提出的"凡是涉及群众切身利益的决策都要充分听取群众意见，凡是损害群众利益的做法都要坚决防止和纠正"。"权为民所赋"是社会契约理论的逻辑延伸，而这些年的中国实践，对权力边界的厘清虽艰难却仍不失清醒，尤其是使"放权"成为进一步深化改革的施政共识。"让权力在阳光下运行"，其攻坚点便在于权力的谦卑与收缩，以及对权力运转的监督与制约。

"自由幸福之追求，长久治安之希冀"，是国民与国家的共同心愿。回望半个多世纪前的中国历史剖面，彼时的中国共产党正怀抱"赶考"心态，跨踏满志地开始由革命党向执政党角色的最初转换，时至今日，厘清权力属性，依然显现出其迫切性。让民众享有更幸福、更有尊严的生活状态，竭尽所能"为人的自由和发展创造有利条件"，"权为民所赋，权为民所用"，是时代赋予中国共产党的大使命、大考验，同时亦在为转型中国探寻大前途、释放大光明。

领导干部做到权为民所用，必须明确哪些事情应该做，哪些事情不能做：有利于人民群众的事，要积极主动地去做，充满感情地去做，全力以赴地去做；以权谋私的事，不利于人民群众的事，要坚决不做。这里，应该做与不能做，其标准只有一个，那就是人民群众高兴不高兴、满意不满意、答应不答应。应该做的事全力做好，是勤政；不能做的事坚决不做，是廉政。只有既勤政又廉政，居位尽其职，任职思利民，才是党中央所要求的、人民群众所期望的权为民所用。

领导干部做到权为民所用，必须大兴求真务实之风，力除形式主义之弊。权为民所用，要用在为人民群众办实事、谋实惠上，而绝不能用在劳民伤财的"形象工程"、"政绩工程"上。共产党的领导干部，形象只能塑造在人民群众的心目中，政绩只能体现在人民群众的利益中。领导干部既要有为人民服务的真心实意，又要有为人民服务的真才实学，更要有为人民服务的真抓实干；要深入基层，深入实际，了解民意，体察民情，与人民心意相通，只有这样，才能真正使权为民所用落到实处、收到实效。

从100多年世界社会主义运动发展过程中我们可以看到，无论是第一个社会主义国家苏联的建立，还是20世纪中叶社会主义运动的蓬勃发展，包括20世纪80年代末的东欧剧变、苏联解体，都表明一个规律：人民群众是无产阶级政党的执政之本，无产阶级政党什么时候很好地代表了最广大人民群众的根本利益，什么时候才能赢得人民群众的拥护和爱戴；什么时候脱离群众，党与人民群众之间就会出现裂痕，如果不及时弥补，最终将丧失党的先进性，失去执政地位。苏联共产党就是一个很典型的例子。1990年苏联曾作过一个调查，结果显示，认为苏共代表全体劳动人民的只占7%，代表工人的占4%，代表党的官僚、干部、机关工作人员的占85%。水能载舟亦能覆舟，中国共产党深刻地认识到了这一道理。民心向背决定政权兴衰，我们党最大的优势，就是与人民群众血肉相连，我们党最大的危险，就是脱离人民群众。要保持优势、消除危险，关键在于始终不渝地做到权为民所用。我们坚信，只要始终做到权为民所用，我们党一定能永远得到人民群众的衷心拥护，进而团结和带领人民群众共同创造幸福生活和美好未来。

案例：带领群众呕心沥血求发展的好干部沈浩

沈浩是安徽省财政厅派驻小岗村的选派干部，其任职期间小岗村有诸多发展。在2006年底沈浩任职三年届满即将离开时，村民们派了十个代表，按下手印到安徽省组织部、财政厅要求沈浩留在小岗村，再带领他们干三年。

沈浩1986年学校毕业后分配至安徽省财政厅综合处工作，历任省财政厅副主任科员、主任科员、副调研员等职，2004年2月作为省财政厅优秀年轻干部下派至凤阳县小岗村任党支部书记，2009年11月6日在小岗村不幸辞世。

安徽省财政厅11日发出《关于确认沈浩同志为因公牺牲的决定》。《关于确认沈浩同志为因公牺牲的决定》写道：2006年底，沈浩任期即将届满时，在小岗村98户农民强烈挽留下，沈浩义无反顾地选择继续留任，成为当时全省唯一连任两届的下派干部。6年来，他以振兴小岗为己任，带领小岗村群众呕心沥血求发展，凝心聚力奔小康；他舍小家、为大家，始终把群众利益放在心上，一心扑在了小岗村；他不畏艰辛，迎难而上，敢于突破，勇于创新，大力弘扬小岗村精神，为加快小岗村发展做出了突出贡献，得到了各级组织的充分肯定和小岗村广大干群的一致好评，先后荣获全国农村基层干部"十大新闻人物"特别奖、安徽省第二批选派干部标兵、安徽省改革开放"三十人三十事"先进个人、"全国百名优秀村官"等荣誉称号。

安徽省财政厅认为，沈浩的事迹，生动诠释了一名新时期党员的崇高境界，他那种对党忠诚、一心为民的坚定信念，爱岗敬业、恪尽职守的高尚情操，任劳任怨、乐于奉献的无私情怀，艰苦朴素、勤俭节约的优良作风，为人正派、忠厚老实的高尚品德，永远值得学习，决定在全省财政系统深入开展向沈浩学习活动。

根据安徽省民政厅、人事厅、财政厅《关于国家机关工作人员、人民警察、民主党派和人民团体的工作人员因公牺牲、病故审批确认及一次性抚恤金发放问题的通知》有关规定，经财政厅党组研究决定，确认沈浩为因公牺牲。

第三节　情为民所系

群众是我们的根，更是我们的本，必须情系群众，始终保持同群众的血肉联系。我们都来自人民，群众是我们成长进步的所依所靠。与群众心相连、情相系，保持同群众的血肉联系，是党的性质和宗旨的体现，是一种自然而然的要求。

邓小平说："我是中国人民的儿子。"他把群众当父母、把群众当亲人，他对群众怀着真感情。人民群众就是我们的父母、亲人，只要我们与人民群众保持密切联系，我们就有无穷的力量，就不可战胜。真情对待群众是开启党员干部心灵的"金钥匙"，你敬群众"一尺"，群众就回敬你"一丈"。把群众视为亲人，带着感情做群众工作，以建设群众家乡、造福群众作为责任感和使命感。人民群众对我们有养育之恩，我们一定要像对待自己的父母一样对待人民群众，群众就会拥护和支持，只有视人民为"父母"，发自内心把自己当作"人民的儿女"，才能真正赢得群众的信赖和拥护。向人民群众学习，每一位党员干部都要自觉把群众的呼声作为改进工作的第一信号，把提高群众的生活水平作为各项工作的第一任务，坚持办实事、务实效、求实绩，大力弘扬求真务实精神，时刻把人民群众的安危冷暖挂在心上，把人民群众的生产生活摆在首位，把人民群众的切身利益提上日程，把"爱民、亲民、为民"的要求铭刻在脑海里，融化在血液中，落实在行动上，对待群众要"捧出一颗真心，赢得一片民心"。

从国家公职人员的社会地位看，在我国，一切权力属于人民，人民是国家的主人，政府官员则是人民的公仆。正如毛泽东所说："我们的一切革命干部，不论职位高低，都是人民的勤务员，我们所做的一切，都是为人所服务。政府官员是社会的管理者，不是统治者，更不是压迫者，而是服务者。为人民服务是人民公仆的天职。人民是主人。老百姓可以骂我们，我们却不应该骂他们。"所谓"官"与"民"之间的相互关系，从本源上讲就是"仆人"与"主人"的关系。我们党是立党为公、执政为民的政党，党的性质和宗旨决定我们是人民的公仆；我们的政府是人民政府，人民政府为人民，我们是人民的勤务员。我们党是为人民谋利益的政党，除了人民利益，我们别无私利；我们的政府是人民政府，我们手中的权力只能用来为人民谋利益、办实事。党员干部要自我反思，自我总结，自我提高，强化公仆意识，做到廉洁从政。要以身作则，率先垂范，坚持马克思主义群众观，尊重人民群众的主体地位，强化宗旨意识，甘愿为人民群众的事业尽职尽责、忠心耿耿，甘愿为人民群众的福祉尽心尽力、鞠躬尽瘁。要争做"好仆人"，不做"官老爷"。始终坚持摆正干部与群众的关系，坚持万事民为先，自觉把人民至上的理念深深根植于脑海中，好事、有利的事优先群众，难事、苦事党员干部首先担当；常怀敬畏心，清醒认识到手中的权力姓"民"不姓"私"，来源于人民、从属于人民，时刻战战兢兢、如履薄冰，唯恐有负重托，自觉约束自己的行为。要争做"贴心人"，不做"冷面仆"。

始终坚持做到与人民群众心通、情真、意实。

情为民所系，就是要对人民群众怀有深厚的无产阶级感情，时刻倾听群众呼声，反映群众意愿，集中群众智慧，忠实地贯彻执行党的群众路线，努力使我们制定和实施的各项方针政策以及措施更好地体现人民群众的利益。列宁有一句名言："没有'人的感情'，就从来没有也不可能有对于真理的追求。"情为民所系是共产党员保持先进性的感情基础，坚持立党为公、执政为民，不能停留在口号和一般要求上，必须围绕人民群众最现实、最关心、最直接的利益来落实，努力把经济社会发展的长远战略目标和提高人民生活水平的阶段性任务统一起来，把实现人民的长远利益和当前利益结合起来。群众在我们心里的分量有多重，我们在群众心里的分量就有多重。在正确对待群众的问题上，来不得半点含糊。现在，有的领导干部严重脱离群众，对群众的疾苦漠不关心，对群众的安危掉以轻心，中央三令五申，而他依然我行我素、麻木不仁，致使群众反映的一些突出问题长期得不到解决，关系群众切身利益的一些工作长期不能取得成效。这种对群众不负责任的不良作风，同我们党的性质和宗旨是格格不入的，是同坚持立党为公、执政为民的本质要求格格不入的。共产党员特别是党员领导干部都要以全心全意为人民服务的情感和真心实意对人民负责的精神，做到心里装着群众，凡事想着群众，工作依靠群众，一切为了群众。要始终与人民群众同呼吸、共命运、心连心，牢记群众利益无小事的道理，时刻把群众的安危冷暖挂在心上，为群众诚心诚意办实事，尽心竭力解难事，坚持不懈做好事。对群众生产生活面临的困难，特别是对下岗职工、农村贫困人口和城市贫困居民等困难群众遇到的实际问题，一定要带着深厚的感情去帮助解决，切实把中央为他们脱贫解困的各项政策措施落到实处，让他们感受到党和政府的温暖。

综上所述，共产党员一定要始终坚持立党为公、执政为民，真正做到科学执政、民主执政、依法执政，真正做到权为民所用、情为民所系、利为民所谋，做到勤政廉政，更好地维护和实现人民群众的政治经济文化利益，更好地体现我们党的先进性和国家政权的人民性，永远与人民群众同呼吸、共命运、心连心，始终为人民执好政、掌好权。

案例：宁愿一人脏，换来万人净——掏粪工时传祥

在中国，有一张两人握手的照片，这张照片已永远被定格在历史瞬间。他们的身份分别是国家主席和一名普通的掏粪工。

20世纪50年代，掏粪是纯体力活。背在肩上那半人多高的粪桶有10多公斤重，装满了粪便有50多公斤。时传祥每天掏完了再背，一天的总重量得有5吨。解放后，他掏了十七八年粪，基本上没休过节假日，右肩磨出了巴掌大一块黑黑硬硬的老茧！他觉得这没什么："不干好，人家不方便。"花市下四条胡同耿大爷家厕所墙倒了，砖块掉进厕坑。时传祥卷起袖子，用手把砖一块块捞出来，用水冲干净，再把墙头垒好，把厕所清扫干净。1958年，运粪改用汽车了。时传祥说："咱要人不等车，车不等人，加快周转，分秒必争。"在他的带动下，原来每人每天平均背粪50桶，一下子增加到93桶。刮风下雨也是一样。1959年10月26日，下午3时，所有获邀参加全国先进工作者"群英会"的代表都在等待着国家领导人的接见。这一天，毛泽东、刘少奇、周恩来、朱德等领导人接见了代表们，毫无征兆的是刘少奇走到了时传祥跟前，此举让原本就十分紧张的时传祥发了好一阵愣，刘少奇却一把抓住他那长满老茧、掏过无数粪便的大手，"你是老时吧？"刘少奇从自己口袋里摘下一支"英雄"牌金笔，送给时传祥，刘少奇的平易近人很快打消了时传祥的顾虑，两人拉起了家常。刘少奇语重心长地说了那段很著名的话："老时呀！你当掏粪工是人民的勤务员，我当国家主席也是人民的勤务员。这只是革命工作分工的不同。我们都要在各自的工作岗位上好好地为人民服务。"很快，一张国家主席与掏粪工诚挚握手交谈的照片传遍了大江南北，两人握手的照片从上世纪50年代刊登在各大报纸的头版时起，就成为经典。1964年12月，时传祥当选为第三届全国人大代表。1966年国庆，时传祥被推选为北京市观礼团副团长，登上了天安门城楼。

"时传祥精神"其实质就是全心全意为人民服务的精神，勤劳朴实、自强不息的民族精神，爱岗敬业、吃苦耐劳的奉献精神。时传祥在平凡岗位上所凝聚成的"社会价值"，就是他把对祖国的爱、对社会的爱、对人民的爱、对职业的爱全身心地投入到了工作之中，投入到了无限地为社会奉献、为人民服务之中，并化为了以苦为乐，爱岗敬业，"宁可脏一人，换来万家净"的实际行动。

第三章　一切依靠群众，同人民始终保持血肉联系

1922年，中国共产党召开第二次全国代表大会。会议通过的《关于共产党的组织章程决议案》指出："党的一切运动都必须深入到广大的人民群众里面去。"在这种思想的指导下，中国共产党通过北伐战争、土地革命战争、抗日战争、解放战争，领导并和人民一起不遗余力地反对外敌欺凌和国内统治压迫。经过艰苦卓绝的奋斗，中华民族得以独立，中国人民得以解放，社会主义新中国得以建立。

为什么成立时只有区区几十人的中国共产党能够带领全国人民取得如此彪炳史册的业绩？为什么我们党能够有效担当历史使命，从根本上改变近代以来中华民族的历史命运？为什么我们党能够历尽艰险、屡经挫折，在跌宕起伏的历史进程中保持长盛不衰？追根溯源，这是因为中国共产党与人民群众的血脉流淌在一起、凝结在一起，始终坚持群众观点和群众路线，

始终保持与人民群众的血肉联系。这种血肉联系的政治优势和行动优势，就是党始终代表人民群众的根本利益，一切依靠人民，一切为了人民。

《共产党宣言》指出："过去的一切运动都是少数人的或者为少数人谋利益的运动。无产阶级的运动是绝大多数人的、为绝大多数人谋利益的独立的运动。"中国共产党是中国工人阶级的先锋队，同时也是中国人民和中华民族的先锋队。党的阶级性质和它坚持的马克思主义指导思想决定了它除了最广大人民的利益，没有自己的特殊利益。从它登上历史舞台的那一天起，就代表了中国最广大人民群众的根本利益，并为之进行了最忠勇、最热忱、最坚韧的斗争。

1944年9月，毛泽东发表了著名的《为人民服务》的讲演，第一次用最通俗、最晓畅的中国化语言阐明了中国共产党的根本宗旨。在《论联合政府》中，他又作了更深入的阐述。从此，"为人民服务"这五个金光闪闪的大字就成为我们党的座右铭，在中华民族的文化长河中孕育和升华出一种全新的价值观。1956年，邓小平指出："中国共产党员的含意或任务，如果用概括的语言来说，只有两句话：全心全意为人民服务，一切以人民利益作为每一个党员的最高准绳。"改革开放后，邓小平反复告诫全党，一切从人民利益出发考虑问题，把人民拥护不拥护、赞成不赞成、高兴不高兴、答应不答应作为衡量党的各项方针、政策和工作的标准。世纪之交，江泽民"总结我们党七十多年的历史，可以得出一个重要结论，这就是：我们党所以赢得人民的拥护，是因为我们党在革命、建设、改革的各个时期，总是代表着中国先进生产力的发展要求，代表着中国先进文化的前进方向，代表着中国最广大人民的根本利益，并通过制定正确的路线方针政策，为实现国家和人民的根本利益而不懈奋斗"。江泽民强调，建设有中国特色社会主义全部工作的出发点和落脚点，就是全心全意为人民谋利益。提出了"立党为公、执政为民"的本质要求。党的十六大后，胡锦涛提出以人为本的科学发展观等重大战略思想，他说，坚持以人为本，就是要以实现人的全面发展为目标，从人民群众的根本利益出发谋发展、促发展，不断满足人民群众日益增长的物质文化需要，切实保障人民群众的经济、政治和文化权益，让发展的成果惠及全体人民。

2012年11月15日，新一届常委见面会上。习近平指出"人民对美好生活的向往，就是我们的奋斗目标"。正因为我们党始终坚持为人民服务的根本宗旨，并且创造性地贯彻于革命、建设和改革的历史进程中，贯彻于我们党的全部工作、全部活动中，我们党才真正代表了中国社会的前进方向，得到了中国最广大人民群众的真诚拥护。战争年代，人民群众把我们党视为翻身求解放的旗帜，并在党的领导下汇聚成浩浩荡荡的革命大军，筑成摧不垮、打不破的铜墙铁壁，谱写了陷敌于汪洋大海的人民战争的恢弘史诗；和平建设时期，人民群众与党同心同德，共渡难关，焕发出前所未有的首创精神，开创了中华民族伟大复兴的崭新局面。

第一节　争取群众支持

成就伟大事业须有伟大力量。如果搞不清楚"依靠谁"，就找不到依靠的力量，再美好的社会理想也只能成为空想。历史唯物主义认为，人民群众是人类社会发展的决定性力量。只有人民群众，才是历史的真正创造者，才是真正的英雄。我们党来自群众，始终以人民为靠山。回顾历史，每当党的事业面临重大挑战时，每当中国的前途命运面临向何处去的重大关头，总是用人民群众的力量推动历史车轮前进。充分相信群众、紧紧依靠群众、紧密团结群众，这是党的事业成功的根本保证。对宣传思想文化工作来说，无论是作为观念形态的思想理论、价值体系、道德规范，还是作为艺术形式的音乐舞蹈、书法绘画、诗词歌赋，无不源自人民群众的实践创造。可以说，宣传思想文化工作根基在群众、智慧在群众、力量在群众。

解决好"依靠谁"的问题，关键是在思想上牢固确立人民群众的主体地位，在工作中坚持从群众中来、到群众中去的根本方法。人民群众既是物质财富的创造者，也是精神财富的创造者。凡属正确的决策必然是将群众的意见集中起来并化为系统的意见，再回到群众中去，使之成为群众的行动。面对层出不穷的新情况新问题，必须充分发挥群众的主体作用，激发群众创造力，集中群众智慧，使宣传思想文化工作始终保持旺盛的生机活力。

中国共产党之所以能够由小到大并长期执政，靠的就是拥有独特的优势。首次提出"党的优势"这一概念的是邓小平。1941年，他在《党与抗日民主政权》一文中，明确提出党的真正优势要表现在群众拥护上。中国共产党为什么会有邓小平所说的"群众拥护"的优势？

立党为公，不谋私利。胡厥文先生"开始认识共产党，完全出于偶然",其起点就是1932年他去陕北考察期间,听到几位老百姓说"你们若不是红军,就一定不会对我们这样好"的话,使他灵魂深处产生了从没有过的震撼。他开始思考,共产党如果是像国民党宣传的那样专门杀人放火、共产共妻,怎么会得到老百姓的拥护和爱戴呢?胡厥文心想,这里面一定有缘由。此后,胡厥文暗地里留心观察共产党。新中国建立后,已经步入老年的胡厥文在回忆起自己一生的经历时感慨地说:"陕北老汉的话语,应该是我认识中国共产党的起点!"以此为起点,自称"秉性很倔,谁都别想靠权势压我,我不吃那一套"的胡厥文先生开始了解共产党,最终完成了由从不了解共产党也不关心政治到能够参加组建民主建国会并自觉接受共产党领导的转变。

能够倾听群众的呼声,及时改正错误。延安时期,有一个农家妇女在雷电劈死了一个县长后借题大骂,咋不叫这雷劈死毛泽东呢,接着又历数共产党的坏处。地方干部们立即抓了这妇女,并声称要枪毙她。毛泽东知道后,立即约见这位妇女,问她为什么骂自己,还骂共产党?妇女回答是因公粮任务过重,适逢三年旱灾,百姓交不起,她家除了种子,已无颗粒存粮。听完陈述,毛泽东非但没有责怪她,还充分肯定她意见提得好。临行,还让通讯员把自己的口粮送给了这位农妇,以解燃眉之急。紧接着,党中央决定减征公粮,开展大生产运动,自力更生,丰衣足食。

能够廉洁自律。抗日战争期间,陈嘉庚延安之行后,经过思想转变得出"中国的希望在延安"的结论,颇具影响。1940年,南洋华侨领袖陈嘉庚为了慰劳祖国抗战军民,亲自组织并率领南洋各属华侨筹赈会回国慰劳团,对重庆和延安等地进行了实地慰劳考察。通过对战时国共两党的近距离观察,在重庆他看到的到处都是达官贵人花天酒地、挥金如土的情形,看到的是国民党等级森严,"蒋像个皇帝"。陈嘉庚对重庆的耳闻目睹"绝无一项稍感满意"。到延安后,毛泽东在窑洞外露天场地设宴招待陈嘉庚,饭菜是延安比较稀有的白米饭、洋芋、豆腐和邻居老大娘为远道而来的客人特地送来的一只鸡。陈嘉庚看到参加座谈的勤务兵可以和毛泽东挤座位,而毛泽东"把自己的身躯移开点,让他坐得更舒服",看到的是延安民主、自由、平等和欣欣向荣、共产党和老百姓心连心的景象。这一切让陈嘉庚"如拨云雾而见青天",于是断定国民党政府必败,延安共产党必胜。不出陈嘉庚所料,最终中国共产党成为执政党。

如同领导权一样,优势也不是天生属于中国共产党,更不会一成不变。古人云:"慎厥初,惟厥终,终以不困;不惟厥终,终以困穷。"党如果脱离了群众,最终必将导致优势丧失,使党失去领导资格。中国共产党唯有始终如一并言行一致地全心全意为人民服务,才能够继续保持"群众拥护"的优势,做到"终以不困"。

第二节 汲取群众智慧

汲取群众智慧营养,从人民群众实践中获取我们社会主义事业建设的不竭动力。生活最深刻,群众最智慧。群众处在实践第一线,对事物的观察、对情况的了解更细致、更透彻、更深刻。推动宣传思想文化工作向前发展,必须把人民群众的实践创造作为源头活水,从群众中汲取智慧,不断开阔工作视野、完善工作思路。谋划工作、制定规划、出台政策,都要尽可能地扩大听取群众意见建议的范围,都要发扬民主、集思广益,问政于民、问需于民、问计于民。"闭门造车"、"唱独角戏",就难以作出科学决策,更难以在群众中得到落实。要深深植根于群众的实践土壤,深入到群众中获取"第一手材料",从老百姓朴素的话语中提炼闪光的思想,从民间鲜活的艺术中萃取创造的元素,从基层的生动实践中探寻打开工作思路的钥匙,推动宣传思想文化工作不断推陈出新、有所突破。

一位科学家说过这么一句话:"其实,很多事情是群众发现的,我只不过把它们概括起来,于是就有了发明。"虽然这句话里包含了一定的谦逊成分,但它印证的却是"智慧在群众中"这句至理名言。改革开放以来,我们闯过了无数个险滩激流,我们拨开了无数的疑云迷雾,如果问是什么成就了改革大业,答案只有一个,那就是群众的智慧。

我们要甘当小学生,虚心向人民群众学习。1964年8月29日毛泽东在《学习马克思主义的认识论和辩证法》文中指出:"要在人民群众那里学得知识,制定政策,然后再去教育人民群众。所以要当先生,就得先当学生,没有一个教师不是先当过学生的。而且就是当了教师之后,也还要向人民群众学习,了解自己学生的情况。"历史与现实都告诉我们,群众中蕴藏着无穷的聪明才智和极大的创造力,人民群众是实践和认识的主体,是物质财富和精神财富的创造者,是社会发展的决定性力量和真正动力,向群众学习的过程,就是密切联系群众、了解社情民意的过程。向群众多学一点,离科学决策就近一步,离工作失误就远一些,所以,"做一名好教师"不但是一个党员干部应该具备的人生境界,更应该是每一个党员干部追求的崇高目标。"春蚕到死丝方尽,蜡炬成灰泪始干",锻造精神、认识自己、形成风格、培养魅力、享受幸福。坚持"从群众中来、到群众中去"的群众路线,把人民放在心中最高位置,自觉做到尊重人民主体地位,尊重人民首创精神,拜人民为师,把政治智慧的增长、执政本领的增强深深扎根于人民的创造性实践之中。要成为一名好学生应该做到一切为了群众,一切服务群众,要清醒地认识到权力是人民赋予的,一切为人民群众负责,做到下不愧人民群众、上不愧党。

我国建设社会主义的过程,是一个攻坚克难的过程。在这个过程中,碰到这样那样的难题在所难免。问题不在于我们会碰到什么样的难题、碰到多少难题,而在于我们靠什么去破解难题。有些人习惯于苦思冥想,有些人寄希望于大会小会,还有些人干脆指望上级拿出解决办法。所有这些,都是误区。必须承认,再大再多的难题都有破解的办法,但这些办法不在名目繁多的会议上,不在各种各样的指令下,而在群众的智慧之中。这个时候，这种情况，我们必须甘当小学生，求教于群众，问计于群众。汲取了群众的智慧，就会减少决策失误，就会避免工作失误。实际工作中，这个地方和那个地方之所以有优有劣，其差别就在于能不能汲取群众智慧。凡是能够和群众打成一片的领导干部，在他那里不可能无计可施。这类鲜活生动的事例并不难找。

"以众人之力起事者，无不成也。"建设社会主义，实现中华民族伟大复兴，不是一个人的事业，也不是一些人的事业，而是全体人民的事业。大事当前，我们一定要充分发挥广大民众的聪明才智，以众人之力挑起大梁、走在前头。人民群众中蕴藏着无穷的智慧和力量，要尊重人民的首创精神，拜人民为师，始终坚持问政于民、问需于民、问计于民，真诚倾听群众呼声，真实反映群众愿望，真情关心群众疾苦，把政治智慧的增长、执政本领的增强深深地扎根于人民的创造性实践之中。

汲取群众智慧，必须把群众当亲人，同甘共苦。只有我们把群众放在心上，群众才会把我们放在心上；只有我们把群众当亲人，群众才会把我们当亲人。我们要始终牢记，我们的权利是人民群众给予的，心里没有群众，就是忘本，对群众的疾苦漠不关心，就是变质，我们为群众办实事、解难题不是施舍、恩赐，而是偿还、报答。要在感情上贴近群众，主动与群众交朋友，坚持人对人、面对面、手拉手、心连心，真正做到在群众最困难的时候能够及时出现，在群众最需要的时候能够鼎力相助，在群众最伤心的时候能够给予关怀。人心都是肉长的，只有拿群众当亲人，与他们既能同甘、也能共苦，既能风雨共担、也能成果共享，群众才会与我们交心，才会真心拥护我们，党的执政地位才能更加稳固。

汲取群众智慧，必须把群众当主人，为民谋利。我们必须始终站在人民大众的立场上，把服务群众、造福百姓作为最大责任，把执政为民、为民用权作为基本准则，真心实意为群众办实事、办好事。在推动经济社会发展的各项工作中，要始终坚持"一切为了群众，为了一切群众"的理念，多行为民之举，多做利民之事。要紧紧抓住促进富民这个关键，千方百计增加群众工资性收入、财产性收入和经营性收入，真正让老百姓的钱袋子鼓起来、腰杆子直起来。要认真落实中央的惠民政策，千方百计促进群众就业，扎实推进民生工程建设，认真解决群众上学、看病、就业、住房等难题，努力让改革发展的成果惠及广大人民群众。

汲取群众智慧，必须把群众当老师，接受教育。群众中蕴藏着巨大的智慧。我们只有真心真意地相信群众、依靠群众，甘当群众的学生，善于从人民群众的伟大创造中寻找解决问题的办法，才能更好地克难攻坚，推动经济社会又好又快发展。要尊重群众的民主权益、思想感受和首创精神，坚持问政于民、问需于民、问计于民，想问题、定思路、做决策都要广泛征询群众意见，最大限度地赢得群众的支持。要善于发动群众，加强心理疏导和教育引导，增强主人翁意识，着力培养自尊自信、理性平和、积极向上的社会心态，让每一个群众都能眉头舒展、健康、阳光地生活。

在新的历史时期，坚持群众观点就是要相信群众、依靠群众，始终保持同人民群众的血肉联系，从群众中汲取智慧、汲取力量，不断把党的各项事业推向前进。

案例：从民意中汲取执政智慧，党的十八大作出了表率

从民意中汲取执政智慧，是我们党一以贯之的优良传统和作风。这一优良传统和作风在新时期如何进一步发扬光大，党的十八大作出了表率。

中央委托人民网、新华网、央视网开辟"寄语十八大"专栏，通过互联网听取党员群众的意见建议；为召开十八大，中央还派出几十个调查组，就有关重大问题进行深入调研；十八大报告初稿形成之后，专门听取了各方面意见……

这些传递出来的信息，折射出当代中国共产党尊重民意，善纳民意，虚怀若谷的执政胸襟。

民视即天视，古之政训。群众赞成不赞成，满意不满意，高兴不高兴，今之施政圭臬。改革开放取得举世公认的成就，近十年的中国取得长足发展与进步，就是我们党遵循这一圭臬的注脚。

党的十八大，是我们党和国家政治生活中的一件大事，也是群众翘首企盼的盛会。保证普通群众能够广泛参政议政，为党和国家的发展献计献策，这是党的民主集中制的具体体现。

民心向背是决定一个政党和政权兴衰成败的根本性因素。执政要拥有强大民意基础，执政党就要俯身倾听民声、了解民意。党的十七届四中全会指出："要大兴密切联系群众之风，坚持问政于民、问需于民、问计于民，切实办好顺民意、解民忧、惠民生的实事。"

"水能载舟，亦能覆舟"，只有群众的利益诉求表达渠道畅通，他们的合法权益得到充分尊重和保护，社会才会和谐稳定。

党的十八大以各种渠道广开言路，获取民意，为政府和基层群众搭建了一座沟通畅捷的信息桥梁，也便于群众监督政府的各项工作推进情况。

大众传播时代的来临，为不同社会群体提供了表达自己心声的机会。如今，获取民意的渠道很多，而网络则是最为快捷的渠道。尤其是网络上各种论坛、博客、微博方兴未艾，为群众参与和讨论各种重大事件提供了平台，如何利用这些平台与群众形成良性互动，成为执政党的一门必修课。

党的十八大在听取广大代表意见的同时，通过网络和基层调研等形式，汇聚群众智慧于一体，顺应了历史的发展，更体现了执政为民的根本理念。

当前，中国正处于改革发展的关键期，社会利益格局日益复杂，各种社会矛盾明显增多。作为执政党，只要扎根于群众，就能找到解决矛盾和问题的办法与途径，就能更加密切党和群众的血肉联系。在未来的道路上，也将会"不为任何风险所惧，不为任何干扰所惑"，走得也将会更加自信、稳健。

第三节　凝聚群众力量

中国共产党之所以从小到大、由弱渐强，成长为拥有8000多万党员的执政党，关键原因就是不断实现、维护、发展人民的根本利益，并赢得了人民的信赖和拥戴。正因为如此，人民"用小米哺育出"延安革命根据地政权，"用独轮小车推出"淮海战役的胜利，以巨大的积极性和创造性支持改革开放。

一、群众是事业成败的决定力量

人民群众是社会实践活动的主体，是社会物质财富和精神财富的创造者，是历史的主人和社会发展的决定力量。群众观点是无产阶级政党的根本立场和根本观点，是党制定路线、方针和政策的根本出发点。每个共产党员都要牢固树立群众观点，全心全意为人民群众服务。

人民群众是马克思主义政党的力量源泉，中国共产党之所以能够领导人民取得革命、建设和改革的伟大成就，一个根本原因，就在于党始终深深地扎根于人民群众之中，人民群众为党提供了不竭的智慧和力量。

群众是事业成败的决定力量，必须敬畏群众、坚守共产党人的承诺。古人说，"天下之事，成于惧而败于忽"，"官有所畏，业有所成"。邓小平曾经讲过，共产党员谨小慎微不好，胆子太大也不好，要怕党、怕人民群众。古今中外，一些政权更迭、政党兴衰，也一再地告诫我们，群众的力量最强大，对群众心怀敬畏，才能获得支持拥护、站得牢立得住，如果忽略了群众，就会被群众所抛弃。要经常用群众这面镜子照照自己，匡正自己的人生追求，校验自己的责任态度，衡量自己的职业精神，做到自重、自省、自警、自励。胡锦涛在"七一"重要讲话中提出新形势下我们党面临着"四大考验"、"四大危险"，是对全体党员干部的警示警醒。共产党员要有强烈的忧患意识和责任意识，坚守对人民群众的庄严承诺，时刻牢记全心全意为人民服务的根本宗旨，以对党和人民高度负责的态度做好本职工作。要坚持用中国特色社会主义理论体系武装头脑，深入贯彻落实科学发展观，坚决贯彻党的路线方针政策，坚定理想信念、加强党性锻炼、遵守党的纪律，在提高思想政治素养上下功夫，在增进对人民群众的感情上下功夫，在了解基本国情上下功夫，在务实干事上下功夫，讲党性、重品行、作表率，弘扬职业精神、恪守职业道德、树立良好形象，不负党的重托，不负人民的厚望。

凝聚群众力量就是积极引导群众、动员激励群众。党对人民群众的领导作用，就是正确地给人民群众指出前进方向，发动人民群众自己动手，争取和创造自己的幸福生活。通过行之有效的动员，引导群众知晓自身利益所在，并为之而奋斗。现在，我们党正领导人民在建设中国特色社会主义的正确道路上致力于推动科学发展、促进社会和谐，致力于全面建设小康社会，这是顺应人民群众愿望、符合人民群众利益的历史选择，也是实现民生幸福、让人民群众过上美好生活的伟大实践。要说群众利益，这是最大的利益；要说为了群众，引导人们坚定不移地走中国特色社会主义道路，坚持中国特色社会主义理论体系，坚持中国特色社会主义制度，才是真正代表了人民的根本利益。要紧紧围绕党和国家的中心任务和工作大局，坚持不懈地宣传党的理论和路线方针政策，宣传科学发展的主题和加快转变经济发展方式的主线，讲清楚党的方针政策同人民群众利益的内在联系，讲清楚经济社会发展同改善人民群众生活的密切关系，引导人们正确认识眼前利益与长远利益、个人利益与集体利益、局部利益与整体利益，聚精会神搞建设、一心一意谋发展。要紧紧围绕我国发展的宏伟蓝图，紧密结合各地经济社会发展和干部群众生产生活实际，以社会主义核心价值体系建设为根本，坚持用马克思主义中国化最新成果武装全党教育人民，广泛深入开展形势政策宣传教育，激励广大群众投身改革建设实践，为创造美好未来而努力。

二、群众力量就是中国力量

什么是中国力量？就是中国各族人民大团结的力量，就是13亿人心往一处想、劲往一处使，汇集起来的力量。个人梦想可能千差万别，但实现国家梦想的征程上，同心同德、群策群力，就有无坚不摧的磅礴力量。这种力量，我们在革命年代前赴后继的抗争中感受过，在建设岁月激情燃烧的奉献中体验过，在改革时期波澜壮阔的奋斗中亲历过。未来的征程中，只要13亿人团结一心，这种不可战胜的磅礴之力，必将成为我们在民族复兴之路上的胜利之本、力量之源。

通向理想的道路注定不是坦途。经历发展阵痛、面临"惊险一跳"，就业、医疗、住房、养老……每个人都可能会与国家社会一起经历追梦之旅的曲折和辛劳，可能会有抱怨、有纠结，但更要看到，我们可以共同享有人生出彩的机会，共同享有梦想成真的机会，共同享有同祖国和时代一起成长与进步的机会。有梦想，有机会，有奋斗，一切美好的东西都能创造出来。

生活在这样一个时代和国家是幸运的。我们比历史上任何时期，都更接近民族复兴的目标，都更有信心、有能力实现梦想。毫无疑问，完成这项伟大的事业，仍需一代又一代中国人共同努力。凝聚起不可战胜的中国力量，完成民族复兴征程上的接力，是我们这一代人的使命，更是我们这一代人的光荣。

灾害和困难是对执政党执政能力的重要考验。从2008年汶川地震到"4·20"芦山地震，从中央到地方，各级党组织集体应对"大考"，快速反应、果断决策、有力指挥，竭尽全力争夺"生存黄金期"，紧张有序地发放救灾物资，救灾反应更加迅速，救灾机制逐渐走向成熟。每经历一次考验，不是消耗"能量"，而是凝聚更多力量继续前行。

三、实现"中国梦"必须依靠中国力量

有梦想才有目标，有希冀才会奋斗。不论是国家民族，还是个人家庭，梦想都是保持生机、激发活力的源泉。"实现'中国梦'必须凝聚中国力量"，习近平总书记的重要讲话，阐明了怀抱强国梦想与焕发前进力量之间深刻的联系，更揭示

出实现"中国梦"的重要路径。只要我们紧密团结,万众一心,为了共同梦想努力奋斗,实现梦想的力量就无比强大。

历经苦难与辉煌,中华民族始终有着"家国天下"的情怀。实现国家富强、人民富裕,从来都是我们民族的梦,也是每个中国人的梦。中华民族走向伟大复兴的历史,正是人民生活发生翻天覆地巨变的历史。从上学就业到住房就医,尊严的保证、事业的成功、价值的实现,每个人向着梦想不断努力,描绘出一个时代最为壮阔的梦想图景,更汇聚起一个国家最为持久的追梦力量。

每个人的前途命运都与国家民族紧紧相连,亿万中国人组成的是一个"命运共同体","中国梦"必须"紧紧依靠人民来实现"。涓流汇海,聚沙成塔,"中国梦"渐行渐近的步伐,来自社会各界心系国运的热诚参与中,来自无数志愿者投身社会的无私奉献中。有了每个人的共同"给力",才有国家社会的不断前行,才能让更多人敢于做梦、勇于追梦、努力圆梦,凝聚起推进民族复兴的中国力量。

党是为人民谋福利而诞生的。经历过艰苦的革命战争年代、社会主义建设时期、改革开放的探索,中华民族伟大复兴的历史由远及近、渐渐清晰。通向"中国梦"的伟大征程注定不是一片坦途，挫折、挑战、困难必然伴随而行。在与困难和挫折的历次斗争中，中国没有屈服，"中国梦"没有止步，人民生活发生翻天覆地的巨变是对"中国梦"的最好注脚。因为，我们有伟大的人民作为最可靠的力量。在困难与挫折中，党和人民的关系更加紧密，凝聚了更加强大的驱动力量。越是困难，越能彰显党带领人民奔向幸福小康生活的决心和能力。"能力不足的危险"是我们党面临的四大危险之一。越是困难时期，党在应对各种灾害中，越能历练执政能力。在应对各种灾害的过程中，党不仅经受了锻炼，更是积累了经验、积聚了力量、壮大了队伍、提升了执政能力。同时，彰显了带领人民致富奔小康的自信和决心是不容置疑的。中国特色社会主义道路是一个长期的实践过程，党带领人民历经艰辛而仍然坚持前进，一直所依靠的就是战胜任何困难的自信和决心，以及人民这一基本力量。越是困难，越能彰显党员的先锋模范作用和牺牲奉献精神。党的先进性是党的生命线，要靠党员的先进性来体现。从中国共产党成立的第一天起，在最危险的地方、最关键的时刻，总有党员们舍生忘死的动人事迹。他们的信仰是巨大的力量。抛头颅、洒热血、鞠躬尽瘁死而后已，党旗上凝聚了无数烈士的鲜血，党徽上闪耀着无数优秀党员的光芒。他们的先锋模范作用和牺牲奉献精神更是有着巨大的标示作用，带动起更多的"正能量"参与到伟大"中国梦"的建设。党与人民群众共克时艰。这是经历过艰难困苦考验的坚毅力量，这是一呼百应的号召力量，这是凝聚了先进性的组团力量。在实现"中国梦"的关键时期，我们更需要这种力量护航前行。只要全国各族人民心往一处想，劲往一处使，13亿人的智慧必将汇集成实现伟大"中国梦"的磅礴力量。

第四节　增强群众基础

俗话说："万丈高楼平地起。"要想建好一栋高楼，首先必须打好地基。地基越坚固，大厦越稳固。建设一个先进的政党，好比建筑一项伟大的工程，同样需要坚固的基础。

一、什么是群众基础

第一，工人阶级基础。任何政党都是有阶级性的，都是一定阶级利益的代表，有着自己赖以存在和发展的阶级基础。一个政党是否先进，首先取决于它所代表的那个阶级是否先进。工人阶级作为社会化大生产的产物，是先进社会生产力的代表。中国工人阶级是最富有政治远见和牺牲精神，最具有革命的坚定性和彻底性，最具有组织性和纪律性，最能代表全体人民根本利益的先进阶级。我们党自成立之日起，就把自己确定为中国工人阶级的政党，按照中国工人阶级先锋队的要求来建设自己，巩固自己，加强自己。也正因为如此，我们党才能成为中国最先进的政党，取得领导中国革命和建设的资格，具有强大的号召力和凝聚力。

作为先进生产力的代表，工人阶级在推动生产力发展的同时，也推动着自身的进步。随着我国改革开放和现代化建设的深入发展，我国工人阶级的状况发生了很大变化，队伍不断壮大，思想道德素质和科学文化素质日益提高，工人阶级的先进性在发展，党的阶级基础在增强。随着我国工业化和信息化的发展，工人阶级作为先进生产力代表的历史地位，将会越来越提升；作为先进生产力代表的整体优势，将会越来越明显；作为先进生产力代表的积极作用，将会越来越突出；作为先进生产力代表所具有的品格，将会越来越鲜明，从而党的阶级基础将进一步增强。要看到，发展社会主义市场经济，实行公有制为主体、多种所有制经济共同发展的基本经济制度，进行产业结构战略性调整，使工人阶级内部结构发生了重大变化。我国工人阶级队伍的变化，从总体上说是积极的、进步的，是符合时代发展潮流的，既没有改变工人阶级是先进生产力代表的历史地位，也没有改变工人阶级的阶级本质及其政治地位，而且从长远看有利于提高工人阶级的整体素质，发挥工人阶级的整体优势。

历史和现实充分说明，中国工人阶级是最进步、最有活力的阶级，无论过去、现在还是将来，始终是我们党最坚实的阶级基础和最基本的依靠力量。始终坚持工人阶级先锋队的性质，始终全心全意依靠工人阶级，是中国共产党永葆先进性的一个基本前提。

第二，群众基础。《中国共产党章程》规定："中国共产党是中国工人阶级的先锋队，同时是中国人民和中华民族的先锋队。"当好这"三个先锋队"，要求我们党在增强阶级基础的同时，必须不断扩大自己的群众基础。只有这样，党才能最广泛最充分地调动一切积极因素，才能把全民族全社会的力量最大限度地团结起来，为着共同的理想和目标而奋斗。对于中国共产党来说，自觉成为中国人民和中华民族的先锋队，不断扩大自己的群众基础，有两方面至关重要的意义。其一，建设中国特色社会主义是前无古人的伟大事业，是全国人民共同的事业。我们党只有吸引和团结最广大人民，才能实现所肩负的伟大历史使命。其二，我们党是一个长期执政的大党，只有最广泛、最充分地吸收全民族各方面的优秀分子入党，才能使自己的队伍人才荟萃，更加强大。

马克思主义认为，工人阶级代表先进的社会生产力，它伴随着社会化大生产而产生，有严格的组织性、纪律性，是有史以来最进步、最有活力的阶级。我们处在一个快速发展的时代，科学技术日新月异，知识经济初现端倪；改革开放以来，我国社会阶层的构成也发生了新变化。我国改革开放以来社会阶层构成发生了变化，民营科技企业的创业人员和技术人员、受聘于外资企业的管理技术人员、个体户、私营企业主、中介组织的从业人员、自由职业人员等阶层中的广大人员，"通过诚实劳动和工作，通过合法经营，为发展社会主义社会的生产力和其他事业做出了贡献。他们与工人、农民、知识分子、干部和解放军指战员团结在一起，他们也是有中国特色社会主义事业的建设者"。他们是在党的富民政策指引下先富起来的一部分人。我们不能把有没有财产、有多少财产当作判断人们政治上先进与落后的标准，而主要应该看他们的思想政治状况和现实表现，看他们的财产是怎样得来的以及对财产怎样支配和使用的，看他们以自己的劳动对建设有中国特色社会主义事业所做的贡献，等等。把上述这些人中的优秀分子吸收到党内来，是中国共产党始终代表先进生产力发展要求的体现，这样做丝毫没有改变我们党工人阶级先锋队的性质，而且使党的阶级基础得到增强，使党的群众基础得到扩大。这是不断增强党的社会影响力的需要，是更好地巩固党的执政地位的需要。

也许有人会问，扩大党的群众基础，吸收新的社会阶层成员入党，会不会影响党的先进性？对此，我们党以自己的光辉实践作出了回答。我们党在不同的历史时期，都有大量社会其他方面的优秀分子加入党的队伍。早期的共产党人尤其是党的创立者们，并非都出身工人阶级，然而他们不仅参与了党的创立，而且终身为党的事业奋斗。民主革命时期，我们党内的工人党员不到10％，绝大多数党员出身农民和小资产阶级。毛泽东创造性地提出要从思想上建党，这就为解决非工人阶级出身的人入党问题开辟了一个路子。他要求党员不仅从组织上入党，还要通过严格的马克思主义教育，从思想上入党，在革命实践中锻炼成长，逐步成长为无产阶级的先进分子。实践证明，这样做是成功的。因此，我们党只要坚持思想上建设党，坚持党员标准和条件，就不会因为吸收新的社会阶层优秀分子入党而改变自己的先进性和阶级性。

二、为什么要增强群众基础

党的阶级基础增强了，党的群众基础扩大了，党的社会影响力就会不断提高。党的社会影响力，事关党的前途命运。在新的世纪，面对国际国内各种复杂因素的影响和各种风险的考验，我们党只有进一步提高社会影响力，才能团结并带领全国各族人民，共同谱写中华民族伟大复兴的辉煌篇章。

第一，增强党的群众基础是维护社会稳定、巩固执政地位，实现中华民族的伟大复兴的需要。党的群众基础同样不是一劳永逸的，苏共垮台活生生的现实表明，离开广大人民群众的支持，即便是苏共这样的老党大党，也同样摆脱不了覆灭的命运。苏联共产党是按照马克思列宁主义的建党原则建立起来的工人阶级的先锋队，当年布尔什维克党就是在"面包、土地、和平"的口号下靠广大人民群众的支持取得革命成功的。但执政70多年还是失败了、垮台了。对于苏共失败的原因分析尽管多种多样，但失去群众的支持无疑是一个重要因素。有的学者认为，苏联共产党不仅被国内外的反共势力搞垮，还被她一直代表的工人阶级和苏联人民抛弃，而这后一点，是导致苏共亡党的决定性因素之一。

　　1991年的"8·19"事变失败后，苏联解体，苏共解散，其财产被没收。令人震惊的是，查封者不仅没有遇到任何有组织的反抗，在有关的历史档案中，也没有发现当时哪里有工人、职员、苏共党员们自发地集合起来，去保卫自己的区委、市委和州委，或举行大规模抗议活动的记载。苏联共产党的垮台，相当大程度上是因为苏共脱离了群众，丧失了人民的支持。与之对照，中国共产党成功的一条重要经验就是，不断增强党的阶级基础，保持党的先进性和纯洁性，扩大党的群众基础，增强党的代表性和广泛性，提高党的社会影响力。新的历史条件下，新经济组织和新社会组织不断涌现，如何将这部分人紧密团结在党组织周围成为我党必须要解决的一个重要课题。我们要将各行业各阶层中的优秀分子吸收到党组织中来，不断扩大群众基础，紧密联系群众，这样才能不断巩固执政地位，实现中华民族的伟大复兴。

　　实际上，苏共在处理党群关系问题时，违背了马克思主义的基本原则，使党和群众之间的鱼水关系遭到严重损害。十月革命初期，粮食人民委员（相当于粮食部部长）瞿鲁巴因饥饿而晕倒在人民委员会会议上。在饥荒时期，瞿鲁巴拥有调拨几百万甚至几千万普特粮食的权力，但是，他却没有从中留下能填饱自己肚子的一小口粮食。他的崇高品质使在场所有的人无不动容。列宁得知后，亲自倡议在格拉诺夫斯基大街为病弱的国家机关人员设立"疗养食堂"，目的是要把这作为在饥荒年代保证党和国家的领导人员承受超负荷工作重压的必要措施。可是，苏联经济形势好转后，"疗养食堂"没有取消，反而逐渐演变为苏共干部的特殊食品配给和其他方面的一些待遇。

苏共领导层一边讲人民是国家的主人，一边却由"公仆"们随意作出损害人民利益的决定；一边批判西方资本主义腐朽的生活方式，限制人们接触西方社会；一边又把从特供商店低价购买进口名牌商品和把子女送到西方留学，作为自己的特权。这必然激发苏联群众的逆反心理，以至认为其所有的说教都是虚伪的，搞到后来，甚至危及到人们对社会主义的根本信仰。党的领导人也因此威信扫地，成为民众嘲讽、唾弃的对象。古今中外的历史事实说明，不少剥削阶级的政党或政治集团，执政以后就利用手中掌握的权力极力攫取本阶级、本集团和执政官员个人的私利，结果形成了一个欺压人民、侵害人民利益的既得利益集团。正因为这样，他们终究要被人民抛弃。

第二，增强党的阶级基础和扩大群众基础是我们妥善应对各种危险和难题无往而不胜的保证。早在1945年，毛泽东在中共七大政治报告中，就把党在长期奋斗中形成的优良传统作风概括为三大作风，即理论和实践相结合的作风，和人民群众紧密联系在一起的作风以及自我批评的作风。毛泽东强调，三大作风是中国共产党人区别于其他任何政党的显著标志，坚持和发扬党的优良作风对实现党的政治任务和组织任务具有重要意义。毛泽东着重指出，共产党人的一切言论行动，必须以合乎最广大人民群众的最大利益，以为最广大人民群众所拥护为最高标准。全心全意地为中国人民服务，一刻也不脱离群众，一切从人民的利益出发，这就是我们制定政策的根本出发点。

我们党的最大政治优势是密切联系群众，党执政后的最大危险是脱离群众。新的历史条件要求我们与时俱进，积极探索密切党群关系的新路子。为此，党要妥善协调各方面的利益关系，正确处理人民内部矛盾。坚持把最广大人民的根本利益作为制定政策、开展工作的出发点和落脚点，正确反映和兼顾不同方面群众的利益。高度重视和维护人民群众最现实、最关心、最直接的利益，坚决纠正各种损害群众利益的行为。当前要特别强调在注重社会总财富增加的同时，也要注意财富的分配问题，关注贫富差距问题。党的群众基础同样不是一劳永逸的，全党必须清醒地认识到这一点，增强忧患意识，从化解执政风险和巩固执政之基的高度，来深刻认识密切党同人民群众的血肉联系的重要性和现实意义，把密切党群关系作为党的执政能力建设不可忽视的方面，作为党的建设的核心问题。

长期以来，国内外敌对势力一直没有放弃颠覆我们党的领导、颠覆我们的社会主义国家政权的努力，他们的手法之一，就是企图分裂、瓦解工人阶级队伍，把新的社会阶层拉到他们的队伍中去，以动摇我们党的阶级基础，削弱我们党的群众基础。对此，我们应当针锋相对，在增强党的阶级基础和扩大党的群众基础上做不懈努力，不断增强党的阶级基础，在阶级性质方面保证党的先进性；扩大党的群众基础，在广泛代表性方面体现党的先进性。这样，我们的党就能更好地保持工人阶级先锋队性质，具有更充分、更巩固的社会基础，面对国际国内各种复杂局面和各种风浪，面对我们肩负的历史重任，我们就一定能妥善应对，无往而不胜。

第三，增强党的阶级基础和扩大群众基础不会使党变色。从1921年7月建党起，我们党在发展对象上已经经历了两次扩大的过程。第一次是1926年9月毛泽东发表《国民革命与农民运动》，强调"共产党是进步的工人阶级尤其是一切革命阶级的领导",将农民作为主要的发展对象,并开创了农村革命根据地,那个时候中国共产党实际上是农民的党。第二次是邓小平1978年在全国科学大会上再次肯定知识分子是"工人阶级的一部分",在发展对象上迈出了更为积极的一步,充分发挥知识分子在经济建设和社会发展中的作用,可以证明,从两弹一星到哥德巴赫猜想,知识分子为中国的发展做出了巨大贡献。这两次扩大都没有导致党变色。今天中国共产党顺应时代的变化,再次提出扩大党员的基础,这将是党的历史上第三次大的变化。我们打破进入壁垒不等于没有进入条件,其他阶级成分可以入党不等于必然入党,只要我们重视从思想上建党,强调思想的先进性,严格执行入党标准和考核机制,把那些决意为无产阶级事业献身的人吸收入党,我们党是不会变色的。

三、怎样增强群众基础

在新的历史时期,面对新情况,我们党必须不断增强党的阶级基础和扩大党的群众基础。

首先,要积极稳妥地吸收新的社会阶层中的优秀分子加入到党组织中来,不断扩大党的群众基础。社会主义现代化建设和有中国特色社会主义的伟大事业是一项长期而又艰巨的任务，它需要全社会各个方面忠诚于祖国和社会主义的优秀分子，以自己的实际行动带领广大群众共同加以推进。这就要求我们必须把增强党的阶级基础和扩大党的群众基础结合起来。只有这样，才能提高我们党在全社会的战斗力、影响力和凝聚力。

其次，建立健全党组织，发挥党员的先锋模范作用。中国共产党是中国社会主义事业的领导核心，党的基层组织是党领导全中国各项事业发展、前进的基础。哪里有群众，哪里就应该有党员，就应该建立党组织。只有扩大党的基层组织的覆盖面，不留空白点，才能真正为党执政提供广泛而雄厚的群众基础。江泽民指出："伟大而艰巨的建设有中国特色社会主义事业，需要全社会各个方面忠诚于祖国和社会主义的优秀分子，以自己的实际行动带领群众共同加以推进。能否自觉地为实现党的路线和纲领而奋斗，是否符合党员条件，是吸收新党员的主要标准。"因此，应该随着形势的发展，在尚没有党员或没有建立党的组织的地方、单位开展工作，发展党员，建立健全党组织，发挥党员的先锋模范作用，发挥党组织的战斗堡垒作用，不断增强我们党在全社会的影响力、凝聚力，在组织上保证党的路线、方针、政策的贯彻落实。

再次，增强党的阶级基础必须始终坚持我们党工人阶级先锋队的性质。随着改革开放和社会主义现代化建设的发展，我国工人阶级自身发生了重大的变化。工人阶级的队伍在壮大，工人阶级整体的思想道德素质和科学文化素质日益提高。工人阶级的先进性在发展，党的阶级基础也在不断增强。马克思主义认为，工人阶级代表先进的社会生产力，它伴随着社会化大生产而产生，有严格的组织性、纪律性，是有史以来最进步、最有活力的阶级。我们处在一个快速发展的时代，科学技术日新月异，知识经济初现端倪；改革开放以来，我国社会阶层的构成也发生了新变化。我们党要更好地领导全国人民建设有中国特色社会主义，就必须与时俱进，保持党的工人阶级先锋队性质，同时发展工人阶级的先进性，增强党的阶级基础，扩大党的群众基础。这是不断增强党的社会影响力的需要，是更好地巩固党的执政地位的需要。应当看到，工人阶级本身的构成及其先进性，也有与时俱进、不断发展的特点。随着社会的不断前进，工人阶级的队伍不断壮大，已经在传统产业工人的基础上发展成为一个宽泛的劳动群体，内涵不断扩大，先进性也在发展。知识分子作为工人阶级中有知识、懂技术、会管理的新成分，大大增强了工人阶级的科技文化素质；现代高新科技对传统产业进行改造，工人的水平、能力也得到提升。工人阶级队伍的发展壮大，思想道德素质和科技文化素质的提高，使党的阶级基础不断增强。

第五节　尊重群众首创

我们党历来把集中民智、发挥群众作用，作为我们工作的重要方式。相信群众、尊重群众是我们工作的出发点。历史的经验告诉我们，人民是创造世界、建设国家的真正英雄，只有人民才是改造世界的真正功臣。任何工作离开了人民就无从谈起。尊重群众的首创精神就是相信群众、发动群众、利用群众的智慧，充分调动群众的积极性，使广大人民群众参与应对国际金融危机，参与中华民族的伟大复兴。

在广大人民群众中间，蕴藏着许许多多的潜能。广大人民群众在生产生活中积累了许许多多的真知灼见。这是社会的财富，这是我们改革的原动力。我们党的"三大作风"就是走群众路线，这既是相信群众，尊重群众，又是依靠群众，群策群力，集中集体智慧。人民群众是社会实践的主体。邓小平坚持毛泽东特别强调的"必须先向群众学习、然后才能教育群众、先做群众的学生后做群众的先生"的思想观点，认为人民群众生活在基层，对社会生活和经济建设中各种矛盾和问题有着直接的、深切的感受和认识，富有极大的积极性、主动性和创造性，有着丰富的经验和智慧，也有着各种非直接参加者难以想象的办法，因此，必须向群众学习，了解群众的实际情况和问题，以便制定出符合实际的正确路线方针政策。他总是满腔热情地鼓励和支持人民群众在实践中的创造，并及时发现、总结和推广群众创造的成功经验。1988年邓小平在会见外宾谈到党的十一届三中全会以来取得的成就时说："我个人做了一点事，但不能说都是我发明的。其实很多事是别人发明的，群众发明的，我只不过把它们概括起来，提出了方针政策，""改革开放中许许多多的东西，都是由群众在实践中提出来的，""是群众的智慧，集体的智慧。"1992年邓小平又讲道，"农村搞家庭联产承包，这个发明权是农民的。农村改革中的好多东西，都是基层创造出来，我们把它拿来加工提高作为全国的指导。"他还说："农村实行承包责任制后，剩下的劳动力怎么办，我们原来没有想到很好的出路，""乡镇企业的发展解决了占农村剩余劳动力百分之五十的人的出路问题。""那不是我们领导出的主意,而是基层农业单位和农民自己创造的。"由此可见,邓小平就是这样创造性地运用群众路线的工作方法,大胆探索,为我国改革开放找到了一条成功的道路。邓小平相信人民、依靠人民、把功绩归功于人民、尊重群众的首创精神,对于推进改革是多么重要,所起的作用又是多么巨大,这也正是他领导我国改革开放和社会主义现代化建设事业取得巨大成功的原因所在。

在我们社会主义市场经济改革的征程中,我们党正是尊重了群众的首创精神,充分运用了群众的智慧。十一届三中全会后,党的农村政策是我们历史的一次重大的改革,农村实行土地承包责任制,这项重大的改革,正是我们人民群众的首创,正是当年安徽凤阳小岗村的30多户农民,创造了农村改革的历史,拉开了农村改革的大幕。我们党实事求是,及时总结经验教训,积极推广安徽凤阳的农村改革模式,充分调动一切积极因素,发挥群众的创造力,这一改革,使广大农村发生了翻天覆地的变化。近10亿农民基本解决了温饱问题。尊重群众的首创精神,集中群众的无穷智慧,充分发挥人民在创造历史中的伟大作用,这是我国改革的原动力,是取之不尽的力量源泉，也是一种执政能力，是一条宝贵的成功经验。从理论和实践的结合上，进一步弄清楚尊重群众的首创精神在改革开放中的地位和作用，对进一步深化改革，全面推进建设中国特色社会主义的伟大事业，无疑具有十分重要和积极的意义。

一、尊重群众的首创精神是改革开放30多年的一条宝贵经验

唯物史观告诉我们，人民群众是实践和认识的主体，是物质财富和精神财富的创造者，是社会发展的决定性力量，是创造世界历史的真正动力。建设中国特色社会主义的实践是广大人民群众自己的实践，群众在实践中创造的经验，反映了事物发展的客观规律，代表了社会进步的方向，对思想认识、社会生活和实际工作有深刻的示范作用。改革开放30多年来，我们对社会主义实践和认识的每一次突破和进展，无不来自群众的创造和推动。同时，人民群众的实践又是检验我们的路线、方针、政策正确与否的唯一标准。

面对十年"文革"造成的危难局面，党的第二代中央领导集体坚持历史唯物主义的观点，从人民群众的实践中汲取智慧

和力量，解放思想、实事求是，作出把党和国家工作中心转移到经济建设上来、实行改革开放的历史性决策，吹响走自己的路、建设中国特色社会主义的时代号角。我们党提出的改革开放、"一国两制"、社会主义现代化建设三步走战略、建立社会主义市场经济体制等一系列思想理论观点和重大决策，包括邓小平理论、"三个代表"重要思想以及科学发展观等重大战略思想在内的科学理论体系，都不是凭空产生出来的，都是在总结千百万人民群众的实践经验的基础上提出来的，凝结着广大人民群众的智慧和心血。

十七大报告强调要"尊重人民主体地位，发挥人民首创精神"，"把尊重人民首创精神同加强和改善党的领导结合起来"。我国全面建设小康社会和实现社会主义现代化的历史任务，要依靠人民群众去完成；解决新情况、新问题的实践经验，要依靠人民群众去创造；各种艰难险阻，包括突发性的自然灾害，要依靠人民群众去克服战胜；各种社会矛盾，包括涉及群众利益调整的矛盾，也需要依靠人民群众的理解、支持和承受才能解决。如果没有这一切，就没有我们改革和建设事业的成功和发展；如果离开了人民群众，我们将会一筹莫展，一事无成。

二、尊重群众的首创精神是中国特色社会主义理论体系的重要内容

在改革开放和社会主义现代化建设的过程中，邓小平尊重实践，尊重群众，时刻关心广大人民群众的利益和愿望，敏锐地把握时代发展的脉搏。他以惊人的洞察力和胆略，善于发现总结并热情鼓励支持人民群众的经验和创造。其理论不仅充分肯定了人民群众的首创精神，肯定了人民群众建设中国特色社会主义的主体地位和决定作用，而且充分肯定了人民群众对中国特色社会主义建设成果的绝对所有权，实现了历史发展动因和归宿的有机统一。这是马克思主义的基本结论，也是中国特色社会主义理论体系的基本结论。

作为中国特色社会主义理论体系的一个重要内容，我们应该从以下几个方面去把握尊重群众的首创精神：第一，必须坚定依靠人民群众建设社会主义事业的信念。中国的事情要按照中国的情况来办，要依靠中国人民自己的力量来办。第二，要相信群众中间蕴藏着巨大的创造力，能够创造出多种多样的方法和措施来为实现自己的利益而奋斗。我们在长期的革命斗争中形成了一条一切为了群众，一切依靠群众，从群众中来，到

群众中去的群众路线，这是我们的根本工作路线。第三，要创造条件，放手让群众大胆地试、大胆地闯，不要用一些清规戒律来束缚群众的创造力。对一些短时期还看不准的事物，不要急于下结论，也不要搞无谓的争论。要支持在探索中前进，并且坚持对的，改正错的。第四，尊重群众的首创精神的出发点和归宿都要体现有利于发展社会生产力，有利于提高社会主义国家的综合国力，有利于提高人民的生活水平，把"人民拥护不拥护"、"人民赞成不赞成"、"人民高兴不高兴"、"人民答应不答应"作为判断我们各项工作成败得失的最高准绳，努力做到"发展为了人民、发展依靠人民、发展成果由人民共享"。

三、尊重群众的首创精神是一种执政能力

尊重群众的首创精神，并不等于领导者无所作为，相反，领导者的历史责任就在于支持群众的创造，参与到人民群众实践活动的过程中去，虚心向人民群众学习，及时发现、总结、概括人民群众创造出来的新鲜经验，使之上升为理论和政策，同时来宣传、动员、指导人民群众从事新的实践，从而推动历史向前发展。

善于总结群众的经验，是正确决策的基础。任何一个领导者，不管具有多么超常的经验和智慧，单凭个人的能力是难以对重大问题作出符合实际的正确的决策的。必须依靠集体智慧，最大限度地调动社会成员的积极性。也就是说，在决策的制定和实施过程中，要坚持群众观点和群众路线，善于从群众中吸取智慧和力量，总结群众的发明和创造，吸收借鉴一切成功的经验和有效的办法，依靠广大人民群众的实践为自己开辟认识之源。

在决策上坚持群众观点和群众路线不是一个抽象的词句，而是现代领导者领导艺术和领导方法的集中体现，是现代领导行为的唯一选择。衡量一个领导者的成熟程度取决于他集中群众的智慧，正确反映人民群众呼声和意愿的程度，与人民群众相结合的程度。领导者成长的规律表明，那些投身于实践并同群众保持密切联系，善于发现总结群众经验的领导者，大都成长进步较快。应该指出，现在有些领导者缺少社会实践的锻炼，群众观点淡漠，同群众感情疏远，对人民群众建设中国特色社会主义生机勃勃的创造知之甚少，或者对群众中已经创造出的一些很有价值的经验视而不见，引不起重视，结果成了群众的尾巴，耽误了事业。这样的领导者是难以担当重任的。领导干部讲政治，就是要尊重群众，尊重实践，坚持群众路线这个辩证唯物主义和历史唯物主义的观点。

四、新形势下尊重群众首创精神的基本要求

首先，必须着力改进党的作风。加强和改进党的作风建设，确保党同人民群众的血肉联系，是尊重群众首创精神的必然要求。站在新的历史起点上，我们要夺取改革开放和社会主义现代化建设新胜利，必须坚持立党为公、执政为民，大兴求真务实之风，虚心向群众学习，深入了解群众的意愿，广泛集中群众的智慧，切实使各项决策和工作从实际和群众的要求出发，而不是从本本出发，或者从自己的主观臆想出发。

其次，必须坚持"百花齐放、百家争鸣"的方针。坚持"双百"方针，形成鼓励创新、鼓励探索的良好环境，是尊重群众首创精神的重要条件。贯彻"双百"方针，关键要承认差异，尊重差异，包容多样，和而不同，努力营造生动活泼、求真务实的氛围，使思想、文化、学术的发展道路更为广阔。

再次,必须积极稳妥地推进政治体制改革。坚定不移发展社会主义民主政治,切实保障人民群众当家做主的权利,是尊重群众首创精神的根本保证。从一定意义上来说,改革就是为了保证人民群众享有管理国家、管理社会、管理经济的民主权力,真正实现人民群众当家做主。人民群众当家做主的权利只有得到切实保障,蕴藏其中的创造活力才能最大限度地激发出来。我们要坚持从国情出发,坚持四项基本原则,坚持党的领导、人民当家做主和依法治国的有机统一,准确把握广大人民群众的政治意愿,认真总结和科学运用自己的成功经验,同时借鉴人类政治文明的有益成果,继续积极稳妥地推进政治体制改革,最大限度地焕发广大群众勇于创新的积极性,使全社会的创造活力充分释放、创新成果不断涌现,使中国特色社会主义更加多姿多彩,更加具有吸引力和感染力。

案例:中国农民第一首创——联产承包责任制

十一届三中全会以后,改革的浪潮席卷中国大地,中国进入新的历史发展时期。城市一些工厂管理制度上的改革使社会主义公有制经济再现活力，同时农村的大包干由于农民缺乏积极性，生产效率低下，不能实现温饱。安徽省凤阳县就是看到了全国农村改革的大趋势，果断先行，实行家庭联产承包责任制，将土地承包到户。家庭联产承包责任制是中国农民最伟大的创举，由安徽农民于1978年底至1979年初率先实行，并获得成功，在邓小平等领导人的支持下，迅速扩展到全国农村，使农民告别了人民公社制度，也推动了中国农村各项事业的蓬勃发展。

家庭联产承包责任制的首创者是葛玉桥。早在1977年，年仅25岁的葛玉桥就在当地做起了第一个"吃螃蟹"的人，搞起了家庭联产承包。众所周知，中国农村的改革首先是在1978年末由安徽凤阳县小岗村实行"大包干"开始的。"大包干"是一个伟大的创举，它采取的方式是首先保证国家的，留足集体的，最后剩下的是自己的，"大包干"的责任落实到个人。在此之前，有一位更早产生联产承包思想并付诸行动的人，他就是葛玉桥，1977年8月7日晚上，葛玉桥顶着风险，在村口的桥头和当时的灶里大队革委会副主任陈井中签下承包合同，按合约葛玉桥包下村里一亩七分的荒地，他开始开荒种地。为了给自己壮胆，他特意为自己制作了一面红旗，"任务到户、责任到人,先迈一步、宁可头丢"。怀着对自己选择、对自己思想的执着,他激励着自己、感动着他人。他在自家一亩七分的荒地上种起了水果,此外,还在地里间隔种起了蔬菜,在周围的小河边养起了鱼。一年下来,除去上缴集体的650元,自己净挣800余元,这个收入,是他在集体时的七倍多。有了丰厚的收入,他获得了巨大成功。

家庭联产承包责任制是中国农民的创举,改变了我国农村旧的经营管理体制,增强了农民的权利,提升了其自主经营的积极性,提高了生产力,获得了成功。农民葛玉桥是位开拓者,他大胆搞联产承包责任制,得到了党和国家的认可和充分尊重,并推广实行,给中国农民带来了福利。也许,在我国农村改革建设中有许多像葛玉桥这样不为人知的先驱,也许他的事迹不能感动中国,但他发扬了一种敢拼敢做、敢为天下先的精神,这正是我们所需要的。

第四章　从群众中来，用优良作风凝聚党心民心

无论是硝烟弥漫的战争岁月、热火朝天的建设年代，还是激情奔涌的改革开放新时期，我们党始终高度重视作风建设，这是党的事业从胜利走向胜利的重要保证。领导干部特别是高级干部作风如何，对党风政风乃至整个社会风气具有重要影响。要求别人做到的自己先要做到，要求别人不做的自己坚决不做，以良好党风带动政风民风，真正赢得群众信任和拥护。党风正则人心齐，人心齐则事业兴。对于改进工作作风、密切联系群众，党的十八大有明确部署，要求"坚持以人为本、执政为民，始终保持党同人民群众的血肉联系"，强调"坚持艰苦奋斗、勤俭节约，下决心改进文风会风，着力整治庸懒散奢等不良风气，坚决克服形式主义、官僚主义，以优良党风凝聚党心民心、带动政风民风"。

第一节 倾听群众心声

发扬民主,最根本的是要倾听党员群众的意见,要广开言路,使党员群众对党的工作以及领导机关的意见和建议能够及时地、充分地、准确地反映上来。毛泽东曾说:"各级领导人员,有责任听别人的话。实行两条原则:第一,知无不言,言无不尽;第二,言者无罪,闻者足戒。如果没有'言者无罪'一条,并且是真的,不是假的,就不可能收到'知无不言,言无不尽'的效果。"群众是真正的英雄,领导的意见、办法、计划,只能来自群众的实践。领导者把群众的意见集中起来,还要拿到群众的实践中去检验。因此,发扬民主,倾听群众意见,有事同群众商量,总结群众斗争的经验并找出其教训和规律,再去指导群众的行动,就是"从群众中来,到群众中去"的具体实施。因此,发扬民主,倾听群众心声,也是群众路线在党的生活中的运用。

倾听群众心声,有利于使人民群众主体地位与党员主体地位的有机统一,通过倾听群众心声,切实服务群众来凝聚群众、组织群众、宣传群众和教育群众,能有效调动和激发蕴藏在群众中间的巨大创造活力，使组织工作获得取之不尽、用之不竭的力量源泉，为推动科学发展、促进社会和谐提供强有力的保证。所以，各党和政府部门要倾听群众心声，在思想和感情深处真正把人民群众当主人，想问题、作决策、抓落实。

反映人民群众心声，为人民群众谋利是党的宗旨决定的。我们党从成立以来，始终坚持替人民说话办事的价值取向，无论是宣传党的主张还是反映群众的意愿，最终都是为了实现好、维护好、发展好人民群众的利益。倾听群众心声必须面向基层、服务群众，关注群众需求，维护群众权益，说群众想说的话、办群众欢迎的事，把工作做到群众心坎上。

当前有个别干部不愿意去基层调查研究，不愿意和群众商量，不结合本地实际开展工作，自认为就是人民的"代言人"、"领路人"，存在这样的想法和行为，就无法将好事办好。倾听群众心声要坚持深入群众开展调研，随时了解群众的所思所想和诉求，始终从人民群众的根本利益出发，把服务群众、造福百姓作为最大责任。

新的历史时期，我们党要带领人民夺取全面建设小康社会新胜利，开创中国特色社会主义事业新局面，关键是要抓好党的自身建设，全面加强党的思想作风、学风、工作作风、领导作风和干部生活作风建设,大力改进学风和文风,反对形式主义、官僚主义和弄虚作假,更加自觉地坚持求真务实精神,真诚倾听群众呼声,真实反映群众愿望,真情关心群众疾苦,多为群众办好事、办实事。领导干部要转变作风,放下架子、低下身子,与群众多接触、多交流、多沟通,真心拜群众为师,不断提高自身素质,增强干好工作的能力。

案例:中国共产党"三三制"政策的成功实践

"三三制"政策是我们党在抗日战争时期一个十分重要的政策。在陕甘宁边区,最早实行"三三制"的是延安县。1940年初,延安县中区五乡在突击完成征粮工作时,乡政府提出用民选方式组织征粮委员会,由每十二三户居民公选1名代表。全乡共选出27名代表,组成征粮委员会。其中共产党员9人,其余18人为非党人士。这些非党人士中也包括富裕户和绅士。征粮委员会在延安县委、县政府和延安工作团的指导帮助下,在群众中进行充分的解释和动员,精确调查统计,积极组织粮食入仓,提前并超额完成了征收公粮的任务。而且该乡各界人士都认为公粮出得公平合理,也自觉自愿。中共陕甘宁边区中央局及时总结了该乡的这一新鲜经验,并号召在边区各地推广运用。毛泽东对这一经验非常重视,批示指出:"共产党员只有与多数非党人员在一道,真正实行民主的'三三制',才能使革命工作做好,也才能使党的生活活跃起来。如果由党员包办一切,则工作一定做不好,党员也会硬化不进步。"

同年3月6日,中共中央政治局召开会议,会议决定由毛泽东起草关于政权问题的指示。当天,毛泽东为中共中央起草了题为《抗日根据地的政权问题》的指示,明确提出:"在抗日时期,我们所建立的政权的性质,是民族统一战线。这种政权,是一切赞成抗日又赞成民主的人们的政权,是几个革命阶级联合起来对于汉奸和反动派的民主专政。"指示还要求:"根据抗日民族统一战线政权的原则,在人员分配上,应规定为共产党占三分之一,非党的左派进步分子占三分之一,不左不右的中间派占三分之一。"3月11日,毛泽东在延安党的高级干部会上作题为《目前抗日统一战线中的策略问题》的报告,对"三三制"政策作了进一步的阐述。

1940年4月,陕甘宁边区政府作出《关于新区行政工作的决定》,要求在陇东分区、绥德分区和鄜县进行建立"三三制"政权的试点工作。根据"三三制"原则,这些地方先后选举建立了乡、县两级临时参议会和政府。

1941年1月1日，陕甘宁边区政府颁布《陕甘宁边区各级选举委员会组织规程》。之后，边区政府选定延安西川的裴庄乡进行选举试点工作。试点工作从2月初开始，到3月10日结束。全乡共有选民731人，其中妇女选民324人。参加投票选举的有574人，占选民总数的78.5%。共选举出参议会议员25人，候补议员7人。25名议员中，有绅士1人、地主2人、富农6人、中农13人、贫农3人，其中共产党员9人，占1/3稍多。加上当选的7名候补议员，共产党员则占1/4稍多。乡参议会选出了乡政府委员7名。裴庄乡的选举试点工作，符合"三三制"政策的要求。

此后，陕甘宁边区政府主席林伯渠撰写了《陕甘宁三三制》、边区参议会副议长谢觉哉撰写了《三三制的理论与实践》、中共中央西北局常委兼组织部长陈正人撰写了《在实行三三制的政权政策中延安中区五乡征粮委员会的创造及其意义》等一系列文章，对"三三制"政策进一步予以总结和完善，使"三三制"政权在陕甘宁边区逐步得到了巩固和发展，并被推广到其他抗日根据地。据1944年底的统计，陕甘宁边区党外人士担任各级政权中行政职务的有3592人。

"三三制"政策的推行，使得边区在各项事业中与党外人士的合作不断得到加强，从而团结了边区内部各阶级、各阶层人士，把边区的政权建设推向一个成熟的新阶段。

第二节 走进群众生活

走进群众生活，走进矛盾多困难大的地方，听取民之心声、感知民之情、解决民之所忧。2012年12月30日早，习近平总书记冒着严寒，来到海拔1512米的阜平县骆驼湾村，走访看望困难群众。这里道路狭窄崎岖，属全国连片特困区，人均年收入900多元。开会时他对当地干部说："窥一斑知全豹，到这里就是要了解我国的真实贫困状态，如能看到真贫，从北京三个半小时的路程就值了！"

2012年12月29日早晨，中共中央政治局常委、国务院副总理李克强冒着细雨前往湖北恩施的大山深处看望居住在那里的村民，了解民情。路途中，李克强副总理一行两辆中巴车多次在路口停车让群众车辆通行。中巴车沿着湖北恩施崎岖颠簸的山道行进。12月29日下午，李克强在湖北恩施屯堡乡调研时，路过集镇停车走进一家卖服装的小店，攀谈中询问一年交多少税、多少费。店主说除了办证时交300块钱，没有别的税费。李克强笑着说："我不是工商税务的，你尽管说实话。"

　　看完这两则事例，我们会感触颇多。中央领导能够以身作则，实地调研考察实情，这对日后各种惠农、助农政策的制度，对解决中国社会发展中所存在的各种矛盾，将会产生积极而深远的影响。

　　没有调查，就没有发言权。习近平总书记为了解真正的贫困，他撇开那些营造出来的所谓的"贫困户"，宁愿冒雪驱车三个小时去实地考察真实情况；李克强同志亦如此，乘坐中巴车，赶往大山深处面对面地与群众座谈，掌握第一手的真实资料，说话才会有底气，制定的政策才能够起到实效，这是最基本的常识。

　　视察求"真"，走基层求"实"，走基层，访民情，历来是中央领导贴近群众的重要方式，也是决策层体察民生疾苦的重要途径。领导视察要想"窥一斑而知全豹"，"真"是最起码的要求。道理虽不难懂，但在现实中，确实有不少地方官员惯于用弄虚作假应付上级视察。检索媒体报道，有的地方为应付视察反复"排练"，有的贫困县临时装点"门面"迎检查，有的地方官员强令百姓"报喜不报忧"，有的地方甚至直接安排干部扮演"群众"。这些欺上又瞒下的花招，已经成为损伤党和政府公信力的官场积弊。习近平总书记强调希望看到"真实贫困"，既是一种期待，也是一种警诫，一方面，中央领导希望每次视察都"不虚此行"，希望所见所闻都是鲜活民生和真实民意；另一方面，一些基层干部欺上瞒下应对检查的做法，上级领导早已心知肚明，并明确对此持反对和批判的态度。

中国很大也很复杂，各个地区的发展水平有高有低，是很正常的事。地方官员乐于向上级展示成绩，这可以理解。但千方百计地掩饰问题、报喜不报忧、打肿脸充胖子的做法，不可取。毕竟，检视成绩只是领导视察的内容之一，但绝非全部。问计于民，发现问题并有针对性地解决问题，更能体现"走基层"的价值。

真正深入基层实际，与群众零距离沟通，才能让视察成为改进工作、为民解忧的"正能量"。习近平、李克强等中央领导人分赴各地考察调研，走访看望困难群众，其中的诸多言行都令人眼前一亮。中央领导率先垂范，带头践行改进工作作风、密切联系群众的"八项规定"，给各级领导做出了良好表率。

空谈误国，务实兴邦。官再大，谁也没有总书记官大，作为总书记，尚且能一丝不苟地实地调研；事再忙，也没国务院总理的事忙，国家领导人尚能在百忙之中抽出时间到群众中察看真相，其他的官员们更应该认真地实地了解情况。岳武穆曾经说过："文官不贪财，武官不怕死，天下太平矣。"但愿从中央到省、市、县四级领导，人人都能够以身作则，各司其职，尽心全力为人民谋福利，建设一个公正、公平、公开、透明的社会主义国家，唯有如此，全中国人民才会真正有幸福感，才能真正地全面建成小康社会。

第三节　深入群众实践

历史和实践证明，人民群众是实践的主体，是历史的创造者。群众中有真理，群众中有方略，群众中有智慧，群众中有力量。只要我们真正把群众放在心中最高位置，真诚倾听群众呼声，真实反映群众愿望，真诚关心群众疾苦，真心拜群众为师，就一定能激发和凝聚群众中蕴藏的强大力量，我们的事业就一定能不断走向胜利。

调查研究是我们党的优良传统和一贯作风，是领导干部的"基本功"。早在中央苏区时期,毛泽东就在寻乌、兴国调查的基础上,写下了《反对本本主义》《关于农村调查》等著作,给我们留下了宝贵的思想和精神财富。1930年5月,毛泽东为了反对当时红军中存在的教条主义思想,专门写了《反对本本主义》一文,提出"没有调查,没有发言权"的著名论断。他指出:"你对某个问题没有调查,就停止你对某个问题的发言权。""注重调查!""反对瞎说!""中国革命斗争的胜利要靠中国同志了解中国情况。""本本主义"者必须"速速改变保守思想!换取共产党人的进步的斗争思想!到斗争中去!到群众中作实际调查去!"这个论断后来成为中国共产党人深入实际、深入群众、形成正确工作方法的行动口号。调查研究,是党的基本工作方法。我们党以辩证唯物主义为指导,调查研究就是唯物论的反映论的基本功;我们讲"人的正确思想是从哪里来的",调查研究就是真知灼见形成、发展和飞跃的基本途径;我们讲群众路线是党的根本工作路线,调查研究就是"从群众中来、到群众中去"的不二法门。

胡锦涛也强调,每一个共产党员都要把人民放在心中的最高位置,尊重人民主体地位,尊重人民首创精神,拜人民为师,把政治智慧的增长、执政本领的增强深深扎根于人民的创造性实践之中。多年来的工作实践使我深深地体会到，只有把人民放在心中最高位置，拜人民为师，深入基层、深入实践、深入群众，才能获得真知灼见，才能做出正确决策，才是真正坚持党的群众路线。这是我们做好一切工作的前提，是我们共产党人永远立于不败之地的根本，是比任何政绩都更为重要的硬道理。

坚决反对不做调查，"苦思冥想地想办法"，毛泽东"没有调查，没有发言权"的论断，为我们党指明了纯洁作风的途径。只有勤勉务实，深入群众，才能调查研究。革命和建设时期，毛泽东在广泛调查研究的基础上，连续写出《中国社会各阶级的分析》《湖南农民运动考察报告》等经典名作，《中国社会各阶级的分析》，就是一篇调查研究的报告，上世纪30年代初期在苏区，错误路线迫使毛泽东暂别红军，那么他到哪里去了呢？去赣南、闽西农村深入调查研究了。深入实践调查，使我们党完成了一次又一次的思想洗礼，指导我们党取得了一个又一个胜利。斯大林领导苏联26年，却不曾深入农村调查研究过一次，长期过"左"的农业政策，导致苏联农业长期停滞落后，损害了群众的切身利益，直接动摇了苏共的执政基础。

第四节　接受群众监督

群众监督,是社会主义国家的一种最主要的监督方式。它是指公民个人和集体以及基层自治组织对行政机关及其工作人员的监督。我国宪法规定,国家的一切权力属于人民。人民群众是国家的主人,对国家机关特别是对行政机关进行监督,是宪法赋予公民的基本权利之一,是社会主义民主的重要体现。

坚持由群众评判,把人民群众满意作为检验我们党和政府工作的第一标准。标准体现工作导向,反映价值取向,以什么为标准、用什么来衡量,实质上是一个对谁负责、让谁满意的问题。毛泽东在《在延安文艺座谈会上的讲话》一文中指出:"只有代表群众才能教育群众,只有做群众的学生才能做群众的先生。如果把自己看作群众的主人,看作高居于'下等人'头上的贵族,那么,不管他们有多大的才能,也是群众所不需要的,他们的工作是没有前途的。"我们党是代表最广大人民利益的政党,一切工作的成败得失必然要由人民群众来检验。《论联合政府》强调"共产党人的一切言论行动,必须以合乎最广大人民群众的最大利益,为最广大人民群众所拥护为最高标准"。群众意见是一把最好的尺子，最能衡量我们工作的长短优劣。无论是制定政策、出台规范，还是评选评比、考核表彰，都要注重群众评价，增加群众的话语权、评判权，不能关起门来搞自我评价、自我认可。坚持群众标准、由群众来评判，不能走过场，必须具有约束力，群众赞成什么就鼓励什么，群众期盼什么就做好什么，群众反对的就坚决纠正。要经常看一看我们的工作是不是按照群众的要求在展开，看一看有哪些措施和办法还需要改进，让群众真满意，而不是"被满意"，使党和政府的工作始终体现群众意愿，经得起实践、人民和历史的检验。

　　面对群众的诉求，理所应当应予以解决，面对群众的质疑也唯有端正态度，给人民群众一个好的说法，让群众了解、明白、认识事情的真实情况。让百姓放心、高兴、满意，不正是我们党一直追求的工作目标吗？自觉接受群众监督，把自身放在群众的显微镜下，不仅可以防止腐败的发生，更能拉近干群关系。让群众知道作为公仆的人民公务员在干些什么，干得怎么样，这不正是我们一直想要追求的工作效果吗？自觉接受群众的监督，这就要求我们党员干部要在思想上认识并践行"为人民服务"的宗旨，把群众的事当"事"，把群众的话当

"话"才行，摒弃"官僚作风"，放低"身段"，放下"面子"，用心倾听群众呼声，用行动践行为民宗旨，把自己置身于群众的聚光灯下，就好比阳光，任何植物只有沐浴在阳光下，才能茁壮成长，否则，就只能慢慢枯萎。

第五章　到群众中去，努力让人民过上美好生活

第一节　解群众之忧

想人民群众之所想、急人民群众之所急、解人民群众之所需是中国共产党的执政的优良作风，随着物质生活的逐步改善，人民群众的精神文化和物质文化需求更加迫切、更加旺盛。群众之需越来越成为改善民生所不可或缺的内容，因此，要着眼于满足人们多样化、多层次、多方面的物质和文化需求，让改革发展成果更好地惠及人民群众。毛泽东说："一切空话都是无用的，必须给人民以看得见的物质福利。……我们的第一个方面的工作并不是向人民要东西，而是给人民以东西。我们有什么东西可以给予人民呢？就目前陕甘宁边区的条件说来，就是组织人民、领导人民、帮助人民发展生产，增加

他们的物质福利,并在这个基础上一步一步地提高他们的政治觉悟与文化程度。"邓小平强调:"要全心全意为人民服务,深入群众倾听他们的呼声,不务虚名,多做实事,社会主义现代化建设的极其艰巨复杂的任务摆在我们的面前。很多旧问题需要继续解决,新问题更是层出不穷。党只有紧紧地依靠群众,密切地联系群众,随时听取群众的呼声,了解群众的情绪,代表群众的利益,才能形成强大的力量,顺利地完成自己的各项任务。"邓小平的这些话告诉我们,解决事关群众生活的切身利益,为群众造福,始终是我们保持纯洁性的要求。当前,一些干部背离党的宗旨,不是想着怎么把群众工作做深、做实、做细,而是热衷于虚事、枉事、形象事,追逐"形象工程"、"政绩工程",群众看在眼里,痛在心里。相反,"三民书记"郑培民,不唱高调,不做表面文章,不搞政绩工程,实实在在为群众解难事,办实事,受到了热烈拥护。实践证明,多谋民生之利,多解民生之忧,切实解决关系群众切身利益的实际问题,才能始终保持党的纯洁性,获得群众的支持。"空谈误国,实干兴邦",习近平为党的纯洁性建设做了最好的指示。

群众的期待,就是我们努力的方向。只有读懂了它,我们的工作才不会劳而无功，为民的事业才能得到群众的衷心拥护。现实中，一些干部感到困惑，自己"周六保证不休息，周日休息不保证"，为何群众仍有怨言；一年到头东奔西跑为群众办事，为何群众还是有意见？究其原因，就是没能真正读懂群众的期待，没弄明白百姓究竟需要什么。社会处在快速转型期，利益分配更加多元复杂，群众期待也水涨船高，在这样的背景下，如何读懂群众的期待？多到基层一线了解情况，多到党员群众中听取意见，多到实际工作中发现问题。只有遵循着这样的方法论，具体感知群众内心的苦恼，躬身聆听群众直接的诉求，我们才算把握了群众路线的真谛，也才能贴近群众的心、把准百姓的脉，使我们的工作更有针对性。把群众的呼声当作第一信号，让烦恼事有人听，民生事有人办，不平事有人管，富民事有人做……总归一句话，读懂了群众的诉求，就抓住了工作的根本；解决好了群众的事，干部就是群众的"自己人"。

第二节 顺群众之意

顺民意则得民心，得民心则事业兴。民意，就是一种民主诉求意愿。科学发展观的核心就是以人为本。我们党来自于人民,根植于人民,服务于人民,在任何情况下,与人民群众同呼吸共命运的立场不能变,全心全意为人民服务的宗旨不能忘,坚信人民群众是真正英雄的历史唯物主义观点不能丢。为此,胡锦涛要求领导干部"要坚持从群众中来,到群众中去,把人民群众的愿望和要求作为决策的根本依据,使各项决策既体现人民群众的现实利益,又代表人民群众的长远利益;既反映大多数群众的普遍愿望,又照顾部分群众的特殊要求"。

我们党和政府始终把维护群众利益放在首位,发展为了人民,发展依靠人民,发展成果由人民共享,要想群众所想,急群众所急,更加重视群众的利益诉求。早在上世纪30年代,毛泽东就深刻指出:"一切群众的实际生活问题,都是我们应当注意的问题。假如我们对这些问题注意了,解决了,满足了群众的需要,我们就真正成了群众生活的组织者,群众就会真正地围绕在我们的周围,热烈地拥护我们。"在前往北京的路上,他老人家又语重心长地说:"进京赶'考'去,我们绝不当李自成。"邓小平也谆谆告诫说:"政治路线确定之后,干部就是决定因素。"其实,伟人的教诲,深刻地揭示出了党执政之本、之基、之源,就是全心全意为人民服务。胡锦涛指出:"我们必须坚持从群众中来、到群众中去,深入了解民情,充分反映民意,广泛集中民智,切实珍惜民力,不断实现民利,保证我们党的路线方针政策和全部工作更好地体现人民群众的利益,让人民群众享受到改革发展的成果,不断维护和发展人民群众的经济、政治、文化权益。"群众认可是对干部最大的褒奖,开展创先争优活动,不能图虚名,而要以人民满意、百姓夸奖为标准,要追求经得起实践、人民和历史检验的"先进"和"优秀"。随着经济社会的发展进步,人民群众对过上更加幸福美好生活的期待越来越高。满足人民群众的新期待,是我们党的神圣使命。

群众的呼声是党组织和党员行动的第一信号,群众的意愿是党组织和党员行动的重要依据。毛泽东说:"要联系群众,就要按照群众的需要和自愿。一切为群众的工作都要从群众的需要出发,而不是从任何良好的个人愿望出发。……这里是两条原则:一条是群众的实际上的需要,而不是我们脑子里头幻想出来的需要;一条是群众的自愿,由群众自己下决心,而不是由我们代替群众下决心。"因此。倾听群众呼声,反映群众意愿,是党组织和党员义不容辞的责任。党组织要畅通听取群众意见的渠道,坚持党组织负责人接待、改进信访工作,党员干部定期走访群众，同时利用互联网、手机等现代通讯工具，做到以最迅速、最便捷的方式了解和掌握群众的诉求。党员特别是领导干部直接接触群众，经常到群众中去，使他们能讲心里话、讲实在话。对群众的呼声和诉求，凡是合理并具备相应条件的，党组织应尽力给以满足；对少数群众不尽合理的要求或暂时不具备解决条件的诉求，要做好说服解释工作，给群众一个满意的回答。这些工作做好了，服务人民群众的要求就能够得到有效的落实。

第三节　惠群众之生

一、民生的具体构成内容

民生问题事关国家和社会的稳定、和谐、可持续发展，民生问题能否得到解决关系到人心的向背、执政的基础。民生有广义民生和狭义民生之分，广义民生是指与人民群众生计有关的各个方面，范围包括直接相关和间接相关的事情，涉及到社会、经济、政治和文化等各个领域；狭义民生是指人民群众的基本生存和生活情况、发展机会、发展能力和权益保护等。

马克思和恩格斯指出:"任何人类历史的第一个前提无疑是有生命的个人的存在,即个体的人是整个人类社会存在和发展的前提。人们为了能够'创造历史',必须能够生活。但是为了生存,首先就需要衣、食、住以及其他一些东西,因此第一个历史活动就是生产满足这些需要的资料,即生活本身。"因此,人的生存与发展问题是民生问题的出发点。人的需要是不断变化和发展的,"已经得到满足的第一个需要本身、满足需要的活动和已经获得的为满足需要而用的工具又引起新的需要",马克思认为人民群众的生活需要具有层次性,这些需要分为生存需要、发展需要和享受需要三个层次,衣、食、住等是人的最基本需要,这些物质需要得到满足后便会产生更高层次的其他需要。随着生产力的高度发展,将改变生存需要与发展需要的对立状况,取而代之的是"共同劳动的产品将由劳动者自己享用,超出他们生活需要的剩余产品,将用来满足工人自己的各种需要,用来充分发展他们的才能,用来平等地享受科学和艺术的一切成果"。物质条件是人们生存的基础,民生建设最基本的目的和归宿维系人的生命的存在和延续,就是满足人的基本生存需要,因此,满足人的生存问题是首先要解决的民生问题。民生,具体来说,又包括很多内容。

第一，就业。"就业是民生之本"，就是说"就业"是人民生存和生活的根本。人民群众基本生存的关键问题是收入问题，收入是民生之源。收入分配决定了收入的流向及其合理性与公平性。就业是人们获得收入的最基本来源，是衡量人们获得发展能力的重要因素，又是人们实现自我价值的重要途径，也是民生层次不断提高的重要体现。因此，就业是民生之本、幸福之源，没有就业就没有生存和发展。收入分配决定了收入的流向及其合理性与公平性。就业是人们获得收入的最基本来源，是衡量人们获得发展能力的重要因素，又是人们实现自我价值的重要途径，也是民生层次不断提高的重要体现。因此，就业是民生之本、幸福之源，没有就业就没有生存和发展。

第二，教育发展。"教育是民生之基"，就是说"教育"是强国富民的基础，要努力提高国民素质，把教育放在优先发展的战略地位，把教育作为衡量民生发展的一个方面，是我国普及和巩固义务教育的基本要求，是提高全民素质的根本保证。发展教育是改善民生的基础工程。教育对提高人民群众的生活质量具有决定性的作用。基础教育是人们获得人力资本和就业能力的最基本的途径。现代社会是知识经济社会，也是发展型社会，必须通过教育达到知识的传播与创新，才能推动整个社会的进步；受教育者也只有接受教育，才能获取知识和技能，求得生存与发展。教育能够影响和改变一个人的前途与命运，也能够决定和改变一个国家的未来与发展。所以，受教育权是发展型社会的最基本权利，也是解决民生问题的前提和基础，同时，教育又是实现社会公平的基石。因此，教育是民生问题的核心内容。

第三，社会保障。"社会保障是民生之盾"，是保障人民群众基本生存需求、解除后顾之忧的"安全网"和"减震器"。失业保险、医疗保险、养老保险、弱势群体的社会救助、最低生活保障制度等都是与人民群众生活直接相关的问题。"社保是民生之依"，就是说"社保"是人民生存和发展的依托。就是要把老百姓都装进"保险箱"，完善和健全养老、失业、医疗等社会保障机制，落实城镇居民最低生活保障；探索建立农村养老、医疗保险和最低生活保障制度；大力加强对特殊困难群众的救助，确保弱势群体的生活底线，使人民群众老有所养，病有所医，居有其屋，衣食无忧。

社会救助是保障人民群众维持基本生计的最后一道制度性防线，可以有效解除人们的后顾之忧，因此，社会救助是民生之伞。

第四，收入分配。"分配是民生之源"，就是说"分配"是人民休养生息的源泉。就是"改革发展成果让人民共享"，推进分配制度改革，完善以按劳分配为主、多种分配形式并存的分配制度，建立正常的工资增长机制，通过"扩中、提低、限高"，缩小贫富差距，形成"两头小、中间大"的分配格局，让广大人民群众都过上好日子。

第五，住房。人类要生存和发展，前提条件是安居，只有安居，才能乐业和兴业。良好的居住环境，是保障人民群众基本生活的重要因素。因此，住房是民生之基。住房保障制度是国家通过立法对国民收入进行分配和再分配，对中低收入家庭，特别是生活有特殊困难的家庭的基本住房权利给予保障的制度。它是社会保障制度的重要组成部分，其实质是政府利用国家和社会的力量，采取多种保障方式，解决中低收入家庭的住房问题。

第六，交通。交通与人民群众的日常生活和工作有着密切的关系，随着社会经济的快速发展、城市化进程的加快，人民群众对交通的便利需求不断提高，交通出行矛盾日益突出。因此，交通出行问题也是关系人民群众生活的最基本的民生问题。

第七，医疗卫生。健康是人全面发展的基础，关系到千家万户的幸福，是民生之根。健康是人民群众生活和工作的前提，医疗卫生与人民的生命和健康安全息息相关。疾病是威胁人民群众生命和健康安全的重要因素，医疗卫生的职能就是与疾病作斗争。因此，医疗卫生问题是基本的民生问题。

第八，安全稳定。一个安全稳定的生活环境也是人民群众生活的重要保障，因此，保障生命和财产安全是人民群众的基本需求之一。食品和药品的安全问题直接关系到人民群众的生命安全、健康和社会的稳定。因此，食品安全、药品安全都是基本的民生问题。一个安全的社会环境不仅能使人民的生命财产安全得到有效保障，还可以化解由于社会各方面利益体的不可调和所产生的矛盾冲突。安定团结是民生之愿。"稳定"是人民安居乐业的可靠保障和坚强后盾。"稳定压倒一切。""利莫大于治，害莫大于乱。"就是要重视社会稳定工作，健全社会矛盾纠纷处理机制，排难解纷，把各种矛盾化解在萌芽状态，加强社会治安防控体系和综合治理，依法严厉打击各种刑事犯罪，争取社会治安状况的根本好转，增强人民群众的安全感。

邓小平说："社会主义财富属于人民，社会主义的致富是全民共同致富。"构建和谐社会,就是要把民生问题作为重中之重,让广大人民群众有活干,有学上,有饭吃,有衣穿,有屋住,病有医,老有养,生活幸福,都过上好日子。

二、中国共产党民生建设的历史实践

让群众满意,就要以民生为本。"政之所兴在顺民心,政之所废在轻民生",民生问题是立国之本,特别是改革发展走到今天,能否解决这个问题,关系到政权能不能巩固。更多地关注公平、重视民生,是我国经济社会发展新阶段的必然要求。国家顺应这种要求,关注和重视民生,是理念的更新,也是社会进步的一个重要标志,表明我国的社会文明程度在提高。无数事实证明,民生问题的解决程度决定着社会进步程度和政权兴亡。中国自古以来就将"民生"与"国计"相提并论,民生问题一直与国家发展存在着不可分割的联系。

思想家管子说:"仓廪实则知礼节,衣食足则知荣辱。"翻开中国历史,民不聊生的时期必定产生社会动乱,只要一遇灾害必有大规模农民起义,因民生问题恶化而造成朝代更迭似乎是中国历史发展进程中的公例;而中国历史上少数重视民生问题的时期,如唐代"贞观之治"、汉代"文景之治"、清代"康乾盛世"以及其他朝代中的某个时期，都基于重视民生而采取轻徭薄赋的休养生息政策，经济发展、民生改善、社会进步与政治稳定构成了这些强盛时期的共同特色。

"民惟邦本，本固邦宁。"民生建设关系到人民的幸福安康、国家的繁荣昌盛、民族的兴旺发达和社会的稳定发展。中国共产党从诞生之日起，就把谋取最广大人民的根本利益作为自己的奋斗目标。中国共产党是由中国工人阶级的先进分子所组成，以马克思主义为指导的政党。中国共产党从诞生之日起，就把谋取最广大人民的根本利益作为自己的奋斗目标，中国共产党人的宗旨就是解放被压迫、被剥削的劳苦大众，实现全社会的公平，为大多数人谋福利。因此，中国共产党对民生问题的思考可以追溯到土地革命时期。这一时期在解放区，通过分田分地和轻徭薄赋等形式，一方面使最贫苦的劳动者分享自己的劳动成果，另一方面则试图从制度上改变贫富不均的基础。我们党团结和带领全国各族人民进行革命战争、社会主义建设和改革开放的全部过程，最终目的就是为了解放和发展生产力，实践党的宗旨，争取国家独立和人民解放，摆脱贫穷落后，实现繁荣进步，走向共同富裕的奋斗历程。

早在革命时期，毛泽东就坚持物质利益的人民性是实现党领导群众的必要条件。1934年，他在《关心群众生活，注意工作方法》一文中指出，类似人民群众的穿衣、吃饭、住房、柴米油盐、疾病卫生等一切群众的实际生活问题，都是我们应当注意的问题。假如我们对这些问题注意了，解决了，满足了群众的需要，我们就真正成了群众生活的组织者，群众就会真正围绕在我们的周围，热烈地拥护我们，反之，我们不关注人民群众这些实际生活问题，我们就可能陷于孤立。在民主革命时期，他在《论联合政府》一文中指出："中国一切政党的政策及其实践在中国人民中所表现的作用的好坏和大小，归根到底，看它对于中国生产力的发展是否有帮助及其帮助之大小，看它是束缚生产力的，还是解放生产力的。"因而，毛泽东就多次提出，中国必须发展经济，否则就要被人欺负，人民不会拥护我们，人民的政权也不能巩固。他还提出了生产力标准问题，并且对生产力标准做了一个重要的完善，即不仅要看生产力是否一年比一年发展，而且要看人民生活是否一年比一年改善。因为生产力发展了，虽然给人民生活的改善提供了物质保证，但并不是自然而然地就可以提高人民生活。如果高积累、高征购，乱摊派，加重人民的负担，即使生产发展了，经济繁荣了，人民生活也不能改善。所以，毛泽东把人民生活是否改善，作为生产力标准的一个重要内容，这是具有重大的理论意义和现实意义的。要改善人民生活，除了发展生产外，还要减轻人民的负担，正确处理积累和消费的关系问题，发展社会主义建设事业要有积累，但积累不能过多，粮食要征购，但任务不能过重，征购不能过头，减轻人民的负担，主要是减轻农民的负担，不解决农民负担过重的问题，就不可能有持续的农业、畜牧业生产的发展，最终也不会有工业的发展和经济的繁荣。1944年，他在一次讲话中指出："老百姓拥护共产党，是因为我们代表了民族与人民的要求，但是，如果我们不能解决经济问题，……如果我们不能发展生产力，老百姓就不一定拥护我们。"毛泽东甚至认为经济不发展革命就不能算胜利。由此我们可以看到，毛泽东把关心群众生活，提高到了团结群众、组织群众、保障革命胜利的政治高度。这个重要指导思想，不仅战争年代要执行，今天仍要执行，就是将来我们发展得更好了，也还要坚持执行。

建国后，毛泽东在领导中国建设的实践过程中，为解决民生问题提出了一系列观点和举措，主要可以概括为社会主义建设举措。新中国成立后，中国共产党在实行新的社会主义政治制度的同时，立即着手构建社会主义经济关系，在全国范围内开展了土地改革，把封建地主阶级的土地所有制，改变成为农民的土地所有制，实行耕者有其田，到1952年，中国农村原来不同阶级间土地占有不均的状况基本得到解决。同时，使农村生产力获得了一次大解放，广大农民有了基本的生产资料和生活保障，生产迅速恢复，生活明显改善。可以说，土地制度的改革，使中国农村基本消除了土地占有不均的因素，为保障中国农民的生产、生活奠定了一个较为有利的制度基础。在土地改革的基础上，农村搞互助合作，实行社会主义集体所有制；在城市对手工业和资本主义工商业进行了社会主义改造，实行社会主义公有制。为了正确处理农、轻、重的比例关系，大力发展农业和轻工业，尽快提高国民经济发展水平和人民群众的生活水平，毛泽东作了著名的《论十大关系》的讲话并采取了相应措施。

以毛泽东为代表的党的第一代领导集体，建立了社会主义制度，使人民当家做主，并在努力改变一穷二白的落后面貌的过程中，做出了杰出的贡献。在社会主义时期，毛泽东认为"要巩固工农联盟，我们就得领导农民走社会主义道路，使农民群众共同富裕起来，穷的要富裕，所有的农民都要富裕"。这里，他第一次明确提出"共同富裕"一词，并使之同"巩固工农联盟"和"走社会主义道路"联系起来。在此基础上，毛泽东将富裕问题同全国人民和整个国家联系起来，将社会主义经济建设的奋斗目标定为"要使几亿人口的中国人生活得好，要把我们这个经济落后、文化落后的国家，建设成为富裕的、强盛的，具有高度文化的国家"，从而提出了独立探索适合中国国情的社会主义建设道路的任务。

总的来讲，从建国后到1978年十一届三中全会召开前的30年里，我党在解决民生问题上的主流是好的。特别是在"一五"时期和国民经济调整时期，随着社会主义经济建设的发展，我国人民的物质文化生活水平较以前有了很大提高。当然，这一阶段的工作也存在严重失误，最为明显的是在宏观上强调公众整体利益的同时，微观上却往往否定人们的个人利益，把人们对正当利益的追求看作是"每日每时都在产生着资产阶级"的温床，因而对个人利益是忽视的，而抽去了个人利益的"人民利益"，就可能成为一个抽象的概念。这一时期的民生问题总体上还处于摸索阶段。但从总体上说，我国经济建设还是取得了举世瞩目的业绩，由一个一穷二白的半封建半殖民地的旧中国，变成为初步较大发展的社会主义新中国。比如，从1949年到1978年30年间，我国农业生产力和我国农村大多数人口的福利水平都有所提高。据统计,30年来,我国农业产值翻了一番,粮食产量增加了1.69倍,农村人口摄入的热量提高了20%,成人文盲率降低了50%,预期寿命提高了50%,为后来我国农村改革、发展提供了一个比较好的基础。与此同时,在中国共产党的领导下,依靠全国各族人民的辛勤劳动,在我国逐步建成独立的、门类比较齐全的工业体系和国民经济体系,全国绝大多数人口温饱问题基本获得解决,摆脱了普遍贫穷的局面,社会主义制度优越性初步得到体现。在这一历史时期,中国共产党肩负更艰巨复杂的任务,在探索过程中、在变革过程中、在追求发展的过程中,中国共产党有过挫折,有过成功,也有过失误,直到进入改革开放和社会主义现代化建设的新的历史时期,在新中国成立以来革命和建设成就的基础上,党领导人民总结历史经验教训,成功地走出了一条建设中国特色社会主义新道路。

胡锦涛在党的十七大报告中强调:"社会建设与人民幸福安康息息相关。必须在经济发展的基础上,更加注重社会建设,着力保障和改善民生,推进社会体制改革,扩大公共服务,完善社会管理,促进社会公平正义,努力使全体人民学有所教、劳有所得、病有所医、老有所养、住有所居,推动建设和谐社会。"把加快推进改善民生作为社会建设的重点,是党中央从中国特色社会主义事业"四位一体"的总体布局出发,适应经济社会发展的新形势,顺应各族人民过上更加幸福美好生活的新期待做出的重大战略部署。

把惠民生、民生优先、保障改善民生作为一切工作的出发点和落脚点、努力使发展成果惠及全体人民,回顾中国共产党的执政道路,民生在政府工作中的权重一再提高。

三、新的历史时期民生建设构筑了实现中华民族伟大复兴的"中国梦"

十八大报告关于保障和改善民生的重要论述,浓墨重彩地描绘了一幅民生发展的幸福画卷。报告指出:"提高人民物质文化生活水平,是改革开放和社会主义现代化建设的根本目的。"从这个意义上说,无论是全面建成小康社会、实现中华民族伟大复兴宏伟目标,还是经济、政治、文化、社会、生态"五位一体"总体布局,实际上都贯穿着切实关注民生、重视民生、保障民生、改善民生这条主线,都以努力让人民过上更好生活为目标和归宿。

十八大报告具体论述了教育、就业、收入、社保、医疗这五个与人民群众关系最直接、最密切的现实问题,强调要"努力办好人民满意的教育"、"推动实现更高质量的就业"、"千方百计增加居民收入"、"统筹推进城乡社会保障体系建设"、"提高人民健康水平"。这些令人鼓舞而又实实在在的举措,彰显出执政党"权为民所用、利为民所谋、情为民所系"的执政理念,以实现"学有所教、劳有所得、病有所医、老有所养、住有所居"的民生诉求。

十八大报告顺应人民群众过上幸福生活的新要求、新期待,把民生问题摆在更加突出的位置,对进一步保障和改善民生做出全面的部署,提出了一系列新思路、新目标、新举措,可以说具体实在。

努力办好人民满意的教育。十八大报告把教育放在改善民生和加强社会建设之首,充分体现了党中央对教育事业的高度重视。"学有所教"这个由圣贤孔子提出的美好理想,在报告中被赋予新的内涵。其一,把立德树人作为教育的根本任务;其二,要全面实施素质教育;其三,要大力促进教育公平,从而"让每个孩子都能成为有用之才"。

推动实现更高质量的就业。就业是民生之本。十八大报告的表述中,"更高质量"成为亮眼的词汇。更高质量的就业包含了人们劳动环境改善、劳动工资提高、劳动安全保障加强等因素。让老百姓不仅有饭碗，还要端上好饭碗，工作生活更体面、更有尊严，这是党中央的庄重承诺。

千方百计增加居民收入。老百姓常说，"幸福不幸福，要看钱袋子"。十八大报告在居民收入增长上不仅提出了量化目标，而且还是倍增目标，这是首次。让老百姓"钱袋子"鼓起来，把改革发展的"蛋糕"分好，十八大报告对此做了明确的部署，提出了"两个同步"，努力实现居民收入增长和经济发展同步、劳动报酬增长和劳动生产率提高同步。

统筹推进城乡社会保障体系建设。社保犹如一把大伞，为十几亿中国人遮风挡雨。十八大报告提出到2020年实现社会保障全面覆盖。全覆盖、保基本、多层次、可持续的社会保障体系建设新目标，体现了执政党的责任与担当，也体现了党维护社会公平正义的决心。

提高人民健康水平。十八大报告把提高人民健康水平作为卫生事业发展的根本目的，强调要为群众提供安全有效方便价廉的公共卫生和基本医疗服务，不仅进一步明确了深化医改的目标，而且部署了下一阶段的工作任务。

党的十八大报告构筑了实现中华民族伟大复兴的"中国

梦"。群众路线是实现未来伟大"中国梦"的重要法宝。只有深入贯彻群众路线,才能正确把握、践行和实现"中国梦",赢得人民群众的信任、拥护和支持;只有深入贯彻群众路线,才能找准实现"中国梦"的依靠力量,最大限度地调动广大党员、干部、群众的积极性和创造性;只有深入贯彻群众路线,才能制定实现"中国梦"的科学理论路线方针政策,为广大人民群众指明前进方向。历史的辉煌指出了我们奋斗的目标,那就是"中国梦"实现中华民族伟大复兴。实际上"中国梦"不仅是"国家梦",更包含有"民族梦"、"人民梦"、"个人梦",所以要实现国家强盛发展的"中国梦",还必须依靠实现人民的"幸福梦",一个人的幸福梦很小,但是千万人的幸福梦很大,所以"中国梦"同"个人梦"、"群众梦"始终是首尾相连的。

第六章 为民务实清廉
——党的群众路线教育实践活动

现实中，有"让石头开出花"的"村官"王家元、有大山深处巡诊40万公里的"雷锋医生"庄仕华，但也有群众反映强烈的突出问题：或贪图虚名、弄虚作假，搞形式主义；或高高在上、脱离群众，搞官僚主义；或追名逐利、不思进取，搞享乐主义；或铺张浪费、挥霍无度，刮奢靡之风。一些党员干部的所作所为，背离了群众路线，损害了党的形象，割断了与群众血脉相连的脐带。正因为如此，党的十八大做出部署，在全党深入开展以为民务实清廉为主要内容的党的群众路线教育实践活动，确保党同人民群众的血肉联系。党的十八大报告指出，"围绕保持党的先进性和纯洁性，在全党深入开展以为民务实清廉为主要内容的党的群众路线教育实践活动，着力解决人民群众反映强烈的突出问题，提高做好新形势下群众工作的能力。完善党员干部直接联系群众制度。"

中共中央政治局2013年4月19日召开会议，决定从今年下半年开始，用一年左右时间，在全党自上而下分批开展党的群众路线教育实践活动。中央政治局带头开展党的群众路线教育实践活动。中共中央总书记习近平主持会议。会议强调，开展党的群众路线教育实践活动，要高举中国特色社会主义伟大旗帜，坚持以马克思列宁主义、毛泽东思想、邓小平理论、"三个代表"重要思想、科学发展观为指导，紧紧围绕保持党的先进性和纯洁性，以为民务实清廉为主要内容，以县处级以上领导机关、领导班子和领导干部为重点，切实加强全体党员马克思主义群众观点教育，把贯彻落实中央八项规定作为切入点，进一步突出作风建设，坚决反对形式主义、官僚主义、享乐主义和奢靡之风，着力解决人民群众反映强烈的突出问题，提高做好新形势下群众工作的能力，保持党同人民群众的血肉联系，发挥党密切联系群众的优势，为推动经济持续健康发展、全面建成小康社会、实现中华民族伟大复兴的中国梦提供坚强保证。

党的群众路线教育实践活动工作会议2013年6月18日在北京召开，中共中央总书记、国家主席、中央军委主席习近平出席会议并发表重要讲话，对全党开展教育实践活动进行部署。他强调指出，开展党的群众路线教育实践活动，是实现党的十八大确定的奋斗目标的必然要求，是保持党的先进性和纯洁性、巩固党的执政基础和执政地位的必然要求，是解决群众反映强烈的突出问题的必然要求。全党同志要积极参与到活动中来，以实际行动密切党群干群关系，取得群众满意的成效。

第一节　党的群众路线教育实践活动的主要内容

党的十八大报告指出，围绕保持党的先进性和纯洁性，在全党深入开展以为民务实清廉为主要内容的党的群众路线教育实践活动，着力解决人民群众反映强烈的突出问题，提高做好新形势下群众工作的能力。完善党员干部直接联系群众制度。

"为民"，是贯彻执行群众路线的目的。自从国家形成以来，治理国家的理念、原则无非两种，或为民主政治，或为专制政治。主张并实行民主政治的，必然包含绝大多数的人民群众，由人民群众掌握权力；主张并实行专制政治的，必然只包含极少数人，只由极少数人掌握权力。民主政治理所当然的是我们党的选择。中国共产党要实行民主政治，就必然要求走群众路线，发动人民群众，依靠人民群众。群众路线的灵魂在于人民群众是历史的主人，在于人民要当家做主，这就决定了群众路线的根本是"为民"。党是人民的公仆，党要为民众服务，如果我们不是把群众路线当作口号喊喊的话，就一定要千方百计、不遗余力地把立足点落在"为民"上。

"务实"，是贯彻执行群众路线的途径。当我们知道落实群众路线就要"为民"之后，但如何体现"为民"，怎样才能做到"为民"，仍然是一个大问题。这就需要我们共产党人深入群众，深入基层，摸清事物规律，掌握工作主动。毛泽东论述道，"在我党的一切实际工作中，凡属正确的领导，必须是从群众中来，到群众中去。这就是说，将群众的意见（分散的无系统的意见）集中起来（经过研究，化为集中的系统的意见），又到群众中去做宣传解释，化为群众的意见，使群众坚持下去，见之于行动，并在群众行动中考验这些意见是否正确。然后再从群众中集中起来，再到群众中坚持下去。"这就是务求实际、务求成效的"务实"精神。

没有这样踏踏实实、兢兢业业的"务实"精神，群众路线就会失去方向，失去意义。由此可见，"务实"是实践群众路线的具体途径、有效方式。贯彻执行群众路线，就要善于从群众关注的、身边的事情做起，为群众解决实际问题，为群众办好事情。

"清廉"，是贯彻执行群众路线的保障。党的十八大报告重申了党的干部要清正、廉洁的要求。"清廉"，是共产党人的本色，是最可贵的品质。方志敏烈士说："我从事革命斗争，已经十余年了。在这长期的奋斗中，我一向是过着朴素的生活，从没有奢侈过。""清贫，洁白朴素的生活，正是我们革命者能够战胜许多困难的地方！"共产党人坚守清廉，反对奢侈，是因为清廉使人刚直不阿，心系群众，自觉无悔地为人民事业奋斗；奢侈使人贪污腐败，失去民心，最终陷于一己私利而不能自拔。"清廉"是贯彻执行群众路线的有力保障，是贯彻执行群众路线的生命线。

第二节　党的群众路线教育实践活动的基本要求

一要把活动总要求贯穿始终。"照镜子、正衣冠、洗洗澡、治治病"是解决作风方面存在突出问题的总要求。"照镜子",主要是对照党章、查找差距;"正衣冠",主要是正视问题、改正缺点;"洗洗澡",主要是听取意见、自我批评、相互批评;"治治病",主要是对症下药、治病救人。

二要把反对"四风"贯穿始终。教育实践活动必须设定一个合适的目标,抓住反对形式主义、官僚主义、享乐主义和奢靡之风这个要害,努力在解决作风不实、不正和行为不廉上取得实效。"四风"是严重影响党群干群关系的大问题,抓住了反对"四风",就抓住了干部群众的关注点,就抓住了活动的着力点。我们要充分认识"四风"的危害性和顽固性,联系本地区本部门本单位实际,找准突出问题,深刻剖析根源,拿出可行办法,真正解决问题,实现作风明显改进。

三要把整风精神贯穿始终。整风是我们党解决自身问题的一大创举。中央反复强调,这次活动要贯彻整风精神。我们要拿起批评和自我批评这个有力武器,开展积极健康的思想斗争,体现"认真"二字,敢于揭短亮丑,让党员、干部出出汗、排排毒。自我批评,要真正触及问题、挖到思想深处，防止避重就轻；相互批评，要敢于指出问题、真诚帮助提高，防止好人主义。对作风方面存在问题的党员、干部，要及时教育提醒，问题严重的要严肃处理。

四要把领导带头贯穿始终。作风建设一定要从上头抓起，各级领导机关、领导班子和领导干部都要把自己摆进去，带头转作风。古人说："教者，效也。上为之，下效之。"各级领导机关、领导干部特别是主要负责同志，要带头学习、带头听取意见、带头谈心、带头开展批评和自我批评、带头进行整改。自觉把自己摆进去，摆思想、摆作风、摆工作、摆措施。领导干部都要从自己做起、从现在改起，推动形成上级带头、领导示范、上行下效的生动局面。

五要把制度建设贯穿始终。制度问题不解决，思想作风问题也解决不了。开展活动，要梳理现有制度。对贯彻群众路线的已有制度，经实践检验、行之有效的，长期坚持下去；不适应新形势新任务要求的，抓紧修订完善。要研究制定新制度。从活动一开始，就要重视研究出台一些加强作风建设的具体制度和规定，为反对"四风"提供政策依据。注重总结活动中的经验做法，上升为制度规范。要严格落实制度。"令在必信，法在必行"。要坚持一手立规矩、定制度，一手抓整改、抓落实，强化制度执行力，用严明的制度、严格的执行、严密的监督，形成加强作风建设的长效机制。

第三节 党的群众路线教育实践活动的重点环节

党的群众路线教育实践活动重点聚焦作风建设，集中解决形式主义、官僚主义、享乐主义和奢靡之风。这一次群众路线把重心放在"四风"问题上，那是因为党风问题的核心就是党群关系，党风的内容条条都是和党群关系相关，"四风"违背我们党的性质和宗旨，是当前群众深恶痛绝、反映最强烈的问题，也是损害党群干群关系的重要根源。"四风"问题解决了，党内其他一些问题解决起来也就有了更好条件。2012年12月4日，中共中央政治局召开会议，审议并通过了中央政治局关于改进工作作风、密切联系群众的八项规定。会议强调，抓作风建设，首先要从中央政治局做起，要求别人做到的自己先要做到，要求别人不做的自己坚决不做，以良好党风带动政风民风，真正赢得群众信任和拥护。会议一致同意关于改进工作作风、密切联系群众的八项规定：要改进调查研究，切忌走过场、搞形式主义；要轻车简从、减少陪同、简化接待。要精简会议活动，切实改进会风；提高会议实效，开短会、讲短话，力戒空话、套话。要精简文件简报，切实改进文风，没有实质内容、可发可不发的文件、简报一律不发。要规范出访活动，严格控制出访随行人员，严格按照规定乘坐交通工具。要改进警卫工作，减少交通管制，一般情况下不得封路、不清场闭馆。要改进新闻报道，中央政治局同志出席会议和活动应根据工作需要、新闻价值、社会效果决定是否报道，进一步压缩报道的数量、字数、时长。要严格文稿发表，除中央统一安排外，个人不公开出版著作、讲话单行本，不发贺信、贺电，不题词、题字。"八项规定"句句是实在话、贴心话。"八项规定"更是一个庄严承诺，体现了从严要求、从严治党的根本要求，反映出中国未来施政的动向。

第四节　党的群众路线教育实践活动的现实意义

开展党的群众路线教育实践活动，是实现党的十八大确定的奋斗目标的必然要求，是保持党的先进性和纯洁性、巩固党的执政基础和执政地位的必然要求,是解决群众反映强烈的突出问题的必然要求。全党同志要积极参与到活动中来。习近平指出,群众路线是我们党的生命线和根本工作路线。实现党的十八大确定的奋斗目标,实现中华民族伟大复兴的中国梦,必须紧紧依靠人民,充分调动最广大人民的积极性、主动性、创造性。开展党的群众路线教育实践活动,就是要使全党同志牢记并恪守全心全意为人民服务的根本。习近平强调,这次教育实践活动的主要任务聚焦到作风建设上,集中解决形式主义、官僚主义、享乐主义和奢靡之风这"四风"问题。这"四风"是违背我们党的性质和宗旨的,是当前群众深恶痛绝、反映最强烈的问题,也是损害党群干群关系的重要根源。"四风"问题解决好了,党内其他一些问题解决起来也就有了更好条件。习近平指出,教育实践活动要着眼于自我净化、自我完善、自我革新、自我提高,以"照镜子、正衣冠、洗洗澡、治治病"为总要求。照镜子,主要是以党章为镜,对照党的纪律、群众期盼、先进典型,对照改进作风要求,在宗旨意识、工作作风、廉洁自律上摆问题、找差距、明方向。正衣冠,主要是按照为民务实清廉的要求,勇于正视缺点和不足,严明党的纪律特别是政治纪律，敢于触及思想、正视矛盾和问题，从自己做起，从现在改起，端正行为，自觉把党性修养正一正、把党员义务理一理、把党纪国法紧一紧，保持共产党人良好形象。洗洗澡，主要是以整风的精神开展批评和自我批评，深入分析发生问题的原因，清洗思想和行为上的灰尘，保持共产党人政治本色。治治病，主要是坚持惩前毖后、治病救人方针，区别情况、对症下药，对作风方面存在问题的党员、干部进行教育提醒，对问题严重的进行查处。

群众路线是我们党的生命线和根本工作路线。实现党的十八大确定的奋斗目标，实现中华民族伟大复兴的中国梦，必须紧紧依靠人民，充分调动最广大人民的积极性、主动性、创造性。开展党的群众路线教育实践活动，就是要使全党同志牢记并恪守全心全意为人民服务的根本宗旨，以优良作风把人民紧紧凝聚在一起，为实现党的十八大确定的目标任务而努力奋斗。习近平指出，人心向背关系党的生死存亡。党只有始终与人民心连心、同呼吸、共命运，始终依靠人民推动历史前进，才能做到坚如磐石。开展党的群众路线教育实践活动，就是要把为民务实清廉的价值追求深深植根于全党同志的思想和行动中，夯实党的执政基础，巩固党的执政地位，增强党的创造力凝聚力战斗力，使保持党的先进性和纯洁性、巩固党的执政基础和执政地位具有广泛、深厚、可靠的群众基础。

毫无疑问，今天，我们的党员干部素质有了普遍提高，思路更开阔，知识更丰富，观念更先进。然而，身处于改革开放年代、成长于市场经济时期，我们的党员干部，极易多了份对世界纵横捭阖的视野，却少了些与群众自发天然的联系。今天我们的经济实力和财力大大提高，掌握的执政资源大大增加，可以运用的技术手段也大大丰富了，但这不能成为疏远与群众联系、淡化与群众感情的理由。无论是调查研究、掌握实情的能力，还是科学决策、民主决策的能力；无论是解决问题、化解矛盾的能力，还是发动群众、组织群众的能力，这些开展工作的基本能力，都需要"到群众中去"、"拜人民为师"。习近平强调，总体上看，当前各级党组织和党员、干部贯彻执行党的群众路线情况是好的，党群干群关系也是好的，广大党员、干部在改革发展稳定各项工作中冲锋陷阵、忘我奉献，发挥了先锋模范作用，赢得了广大人民群众肯定和拥护。这是主流，必须充分肯定。同时，我们必须看到，面对世情、国情、党情的深刻变化，精神懈怠危险、能力不足危险、脱离群众危险、消极腐败危险更加尖锐地摆在全党面前，党内脱离群众的现象大量存在，集中表现在形式主义、官僚主义、享乐主义和奢靡之风这"四风"上。我们要对作风之弊、行为之垢来一次大排查、大检修、大扫除。习近平指出，开展党的群众路线教育实践活动，必须高举中国特色社会主义伟大旗帜，全面贯彻落实党的十八大精神，以马克思列宁主义、毛泽东思想、邓小平理论、"三个代表"重要思想、科学发展观为指导，贯彻好党的十八大以来中央做出的重大工作部署和要求，紧紧围绕保持和发展党的先进性和纯洁性，以为民务实清廉为主要内容，切实加强全体党员马克思主义群众观点和党的群众路线教育，把贯彻落实中央八项规定精神作为切入点，着力解决突出问题。

越是在经济发展关键期、社会转型深水区，越需要唤起对人民群众的赤子之心，越需要坚守群众路线这条"执政生命线"，"照镜子、正衣冠、洗洗澡、治治病"，一场自上而下的党的群众路线教育实践活动，在全党拉开了帷幕。新形势下，作为"中国号"巨轮的掌舵者，执政党再次亮出群众路线的法宝，重申、重叙、重塑党群干群之间的舟水之喻、鱼水之谊，用意深远，意味深长。从改进作风密切干群关系，到深化改革激发民生红利，新一届中央领导集体履新以来，为民情怀一以贯之，人民底色日益鲜明。党的群众路线教育实践活动即将开始，这也是实现党的奋斗目标、巩固党的执政基础、加强党的自身建设的必然选择。坚定群众观点、坚持群众路线，"与人民心心相印、与人民同甘共苦、与人民团结奋斗"，全面小康必将成功在望，中国梦想定然前景可期。

附

毛泽东关于党的群众路线的重要论述

共产党员绝不可脱离群众的多数，置多数人的情况于不顾，而率领少数先进队伍单独冒进；必须注意组织先进分子和广大群众之间的密切联系。这就是照顾多数的观点。

毛泽东：《中国共产党在民族战争中的地位》（1938年10月14日），《毛泽东选集》第2卷，人民出版社1991年版，第525—526页。

群众是真正的英雄，而我们自己则往往是幼稚可笑的，不了解这一点，就不能得到起码的知识。

毛泽东：《〈农村调查〉的序言和跋》（1941年3、4月），《毛泽东选集》第3卷，人民出版社1991年版，第790页。

共产党的路线，就是人民的路线。

毛泽东：《在〈解放日报〉改版座谈会上的讲话》（1942

年3月31日），《毛泽东文集》第2卷，人民出版社1993年版，第409页。

有无群众观点是我们同国民党的根本区别，群众观点是共产党员革命的出发点与归宿。从群众中来，到群众中去，想问题从群众出发就好办。

毛泽东：《切实执行十大政策》（1943年10月14日），《毛泽东文集》第3卷，人民出版社1996年版，第71页。

"三个臭皮匠，合成一个诸葛亮"，这就是说，群众有伟大的创造力。中国人民中间，实在有成千成万的"诸葛亮"，每个乡村，每个市镇，都有那里的"诸葛亮"。

毛泽东：《组织起来》（1943年11月29日），《毛泽东选集》第3卷，人民出版社1991年版，第933页。

人民，只有人民，才是创造世界历史的动力。

毛泽东：《论联合政府》（1945年4月24日），《毛泽东选集》第3卷，人民出版社1991年版，第1031页。

全心全意地为人民服务，一刻也不脱离群众；一切从人民的利益出发，而不是从个人或小集团的利益出发；向人民负责和向党的领导机关负责的一致性；这些就是我们的出发点。

毛泽东：《论联合政府》（1945年4月24日），《毛泽东选集》第3卷，人民出版社1991年版，第1094—1095页。

马克思列宁主义的基本原则，就是要使群众认识自己的利益，并且团结起来，为自己的利益而奋斗。

毛泽东：《对晋绥日报编辑人员的谈话》（1948年4月2日），《毛泽东选集》第4卷，人民出版社1991年版，第1318页。

革命战争是群众的战争，只有动员群众才能进行战争，只有依靠群众才能进行战争。

毛泽东：《关心群众生活，注意工作方法》（1934年1月27日），《毛泽东选集》第1卷，人民出版社1991年版，第136页。

真正的铜墙铁壁是什么？是群众，是千百万真心实意地拥护革命的群众。这是真正的铜墙铁壁，什么力量也打不破的，完全打不破的。

毛泽东：《关心群众生活，注意工作方法》（1934年1月27日），《毛泽东选集》第1卷，人民出版社1991年版，第139页。

只有坚决地广泛地发动全体的民众，方能在战争的一切需要上给以无穷无尽的供给。

毛泽东：《论持久战》（1938年5月），《毛泽东选集》第2卷，人民出版社1991年版，第492页。

党群关系好比鱼水关系。如果党群关系搞不好，社会主义制度就不可能建成；社会主义制度建成了，也不可能巩固。

毛泽东：《一九五七年夏季的形势》（1957年7月），《建国以来毛泽东文稿》第6册，中央文献出版社1992年版，第547页。

共产党基本的一条，就是直接依靠广大革命人民群众。

毛泽东：《共产党基本的一条就是直接依靠广大人民群众》（1968年），《建国以来毛泽东文稿》第12册，中央文献出版社1998年版，第581页。

邓小平关于党的群众路线的重要论述

一个最基本的环节,就是看能否把大多数人民群众发动起来实行对敌斗争,大多数群众发动起来了,问题就可以迎刃而解。

邓小平:《敌占区的组织工作与政策运用》(1943年1月26日),《邓小平文选》第1卷,人民出版社1994年版,第52页。

由于我们党现在已经是在全国执政的党,脱离群众的危险,比以前大大地增加了,而脱离群众对于人民可能产生的危害,也比以前大大地增加了。因此,目前在全党认真地宣传和贯彻执行群众路线,也就有特别重大的意义。

邓小平:《关于修改党的章程的报告》(1956年9月16日),《邓小平文选》第1卷,人民出版社1994年版,第221页。

我们搞四个现代化,因为经验不足,会面临多方面的困难。……这些问题,归根到底,只有相信群众,依靠群众,充分走群众路线，才能够得到解决。

邓小平：《高级干部要带头发扬党的优良传统》（1979年11月2日），《邓小平文选》第2卷，人民出版社1994年版，第230页。

我们党同广大群众的联系，对中国社会主义事业的领导，是六十年的斗争历史形成的。党离不开人民，人民也离不开党，这不是任何力量所能够改变的。

邓小平：《目前的形势和任务》（1980年1月16日），《邓小平文选》第2卷，人民出版社1994年版，第266页。

群众是我们力量的源泉，群众路线和群众观点是我们的传家宝。党的组织、党员和党的干部，必须同群众打成一片，绝对不能同群众相对立。如果哪个党组织严重脱离群众而不能坚决改正，那就丧失了力量的源泉，就一定要失败，就会被人民抛弃。

邓小平：《贯彻调整方针，保证安定团结》（1980年12月25日），《邓小平文选》第2卷，人民出版社1994年版，第36页。

江泽民关于党的群众路线的重要论述

我们的改革和建设，只有得到人民群众的理解、支持和参与，充分发挥人民群众的积极性和创造性，才能顺利推进；党的领导地位，只有赢得人民群众的信赖和拥护，才能巩固和加强。

江泽民：《推进党的建设新的伟大工程》（1994年9月28日），《江泽民文选》第1卷，人民出版社2006年版，第407页。

我们党所领导的改革开放和现代化建设事业，是人民群众参加的、为人民群众谋利益的事业，只有相信和依靠群众，充分发挥他们的积极性创造性，才能获得成功。

江泽民：《努力建设高素质的干部队伍》（1996年6月21日），《论党的建设》，中央文献出版社2001年版，第226页。

人民，只有人民，才是我们工作价值的最高裁决者。

江泽民：《做一个新时期合格的领导干部》（1995年6月30日），《论党的建设》，中央文献出版社2001年版，第181页。

人民是我们国家的主人，是决定我国前途命运的根本力量。

江泽民：《二十年来我们党的主要历史经验》（1998年12月18日），《江泽民文选》第2卷，人民出版社2006年版，第261—262页。

我们讲政治，离不开人民群众。实现、维护和发展人民群众的利益，始终是我们最大最重要的政治。马克思主义的政治观点中，第一位的是群众观点。

江泽民：1999年1月1日在全国政协新年茶话会上的讲话，《江泽民思想年编（1989—2008）》，中央文献出版社2010年版，第371页。

全心全意为人民服务，立党为公，执政为民，是我们党同一切剥削阶级政党的根本区别。任何时候我们都必须坚持尊重社会发展规律与尊重人民历史主体地位的一致性，坚持为崇高理想奋斗与为最广大人民谋利益的一致性，坚持完成党的各项工作与实现人民利益的一致性。

江泽民：《在庆祝中国共产党成立八十周年大会上的讲话》（2001年7月1日），《江泽民文选》第3卷，人民出版社2006年版，第279页。

最大多数人的利益是最紧要和最具有决定性的因素。这是马克思主义的基本观点，各级领导机关和领导干部必须充分认识和认真实践。

江泽民：《在庆祝中国共产党成立八十周年大会上的讲话》（2001年7月1日），《江泽民文选》第3卷，人民出版社2006年版，第280页。

人民群众是先进生产力和先进文化的创造主体，也是实现自身利益的根本力量。

江泽民：《在庆祝中国共产党成立八十周年大会上的讲话》（2001年7月1日），《江泽民文选》第3卷，人民出版社2006年版，第281页。

加强和改进党的作风建设,核心问题是保持党同人民群众的血肉联系,马克思主义执政党的最大危险就是脱离群众。这是极为重要的政治观点,也是极为重要的政治要求。

江泽民:《党的作风建设的核心问题是保持党同人民群众的血肉联系》(2001年9月26日),《论党的建设》,中央文献出版社2001年版,第544页。

胡锦涛关于党的群众路线的重要论述

我们党的执政能力和执政地位从根本上说都来自于人民。人民群众的拥护和支持,是党执政最牢固的政治基础和最深厚的力量源泉。离开人民群众的拥护和支持,党的执政能力和执政地位就会成为无源之水、无本之木。能否始终保持党同人民群众的血肉联系,是对党的执政能力和执政地位最根本的考验。得民心者得天下,失民心者失天下,这是为人类社会发展所反复证明了的真理。

胡锦涛:《在中央纪律检查委员会第五次全体会议上的讲话》(2005年1月11日),《十六大以来重要文献选编》(中),中央文献出版社2006年版,第593—594页。

一个政党,如果不能保持同人民群众的血肉联系,如果得不到人民群众的支持和拥护,就会失去生命力,更谈不上先进性。我们党的根基在人民、血脉在人民、力量在人民。保持党同人民群众的血肉联系,是我们党无往而不胜的法宝,也是我们党始终保持先进性的法宝。

胡锦涛:《在庆祝中国共产党成立八十五周年暨总结保持共产党员先进性教育活动大会上的讲话》(2006年6月30日),《十六大以来重要文献选编》(下),中央文献出版社2008年版,第535页。

保障工人阶级和广大劳动群众经济、政治、文化、社会权益是我国社会主义制度的根本要求,是党和国家的神圣职责,也是发挥我国工人阶级和广大劳动群众积极性、主动性、创造性最重要最基础的工作。

胡锦涛:《在2010年全国劳动模范和先进工作者表彰大会上的讲话》(2010年4月27日),《人民日报》2010年4月28日。

高度重视群众工作,坚持人民主体地位,发挥人民首创精神,是由我们党的性质决定的,也是由我们党的根本宗旨决定的。群众是真正的英雄,是我们党的力量源泉和胜利之本。党和人民事业能不能顺利发展,关键在我们党能不能始终保持同人民群众的血肉联系，能不能充分调动人民群众的积极性、主动性、创造性。

　　胡锦涛：《在党的十七届五中全会上的讲话》（2010年10月18日）。

以人为本、执政为民是马克思主义政党的生命根基和本质要求。

　　胡锦涛：《在十七届中央纪委六次全会上的讲话》（2011年1月10日）。

群众利益无小事。凡是涉及群众的切身利益和实际困难的事情，再小也要竭尽全力去办。

　　胡锦涛：《在"三个代表"重要思想理论研讨会上的讲话》（2003年7月1日），《十六大以来重要文献选编》（上），中央文献出版社2005年版，第372页。

　　坚持以人为本，就是要以实现人的全面发展为目标，从人民群众的根本利益出发谋发展、促发展，不断满足人民群众日益增长的物质文化需要，切实保障人民群众的经济、政治和文化权益,让发展的成果惠及全体人民。

胡锦涛:《在中央人口资源环境工作座谈会上的讲话》(2011年3月10日),《十六大以来重要文献选编》(上),中央文献出版社2005年版,第850页。

坚持一切为了群众、一切依靠群众,坚持权为民所用、情为民所系、利为民所谋,坚持把实现好、维护好、发展好最广大人民的根本利益作为我们一切工作的根本出发点和落脚点,是我们做好各项工作的保证,任何时候都不能动摇。

胡锦涛:《做好当前党和国家的各项工作》(2011年9月19日),《十六大以来重要文献选编》(中),中央文献出版社2006年版,第317页。

作为领导干部必须牢记我们手中的权力是人民赋予的,只能用来为人民谋利益,而绝不能用来为自己谋私利,要始终为人民掌好权、用好权。

胡锦涛:《在新时期保持共产党员先进性专题报告会上的讲话》(2005年1月14日),《十六大以来重要文献选编》(中),中央文献出版社2006年版,第624页。

是心系群众、服务人民，还是高高在上、脱离群众，是衡量领导干部作风是否端正的试金石。

胡锦涛：《全面加强新形势下的领导干部作风建设》（2007年1月9日），《十六大以来重要文献选编》（下），中央文献出版社2008年版，第873页。

人民群众是推动科学发展的主体。科学发展取得了多大成效、是否真正实现了，人民群众感受最真切、判断最准确。推动科学发展，必须紧紧依靠人民群众，做到谋划发展思路向人民群众问计，查找发展中的问题听人民群众意见，改进发展措施向人民群众请教，落实发展任务靠人民群众努力，衡量发展成效由人民群众评判。

胡锦涛：《在全党深入学习实践科学发展观活动动员大会暨省部级主要领导干部专题研讨班上的讲话》（2008年9月19日），《十七大以来重要文献选编》（上），中央文献出版社2009年版，第579页。

要牢固树立群众观点和公仆意识，把群众呼声作为第一信号，把群众需要作为第一选择，把群众满意作为第一标准。

胡锦涛：《加强领导干部党性修养，大力树立和弘扬良好作风》（2009年1月13日），《十七大以来重要文献选编》（上），中央文献出版社2009年版，第851页。

以人为本、执政为民是我们党的性质和宗旨的集中体现，也是我们党一贯的政治主张和执政理念。

胡锦涛：《在十七届中央纪委六次全会上的讲话》（2011年1月10日）。

要坚持思想上尊重群众、感情上贴近群众、工作上依靠群众，深入了解民情，充分反映民意，广泛集中民智，切实珍惜民力，把群众满意不满意作为加强和创新社会管理的出发点和落脚点。

胡锦涛：《在省部级主要领导干部社会管理及其创新专题研讨班上的讲话》（2011年2月19日）。

习近平关于党的群众路线的重要论述

要把群众工作做深做细做实，增强群众工作的亲和力和感染力，提高群众工作的针对性和实效性。

习近平：《领导干部要不断提高新形势下群众工作水平》，《人民日报》2011年01月06日。

要始终把群众利益放在第一位，通过各种形式深入到群众之中，体察民情、体验民生、体会民意，在群众最盼的时候慰民心，在群众最急的时候解民忧，在群众最难的时候办实事。

习近平：《推动组织工作更好为科学发展服务》，《新华网》2009年12月11日。

到群众中去，要学会从群众角度看问题。注重从群众的角度看问题，首先要置身于群众之中，并把自己真正当成是普通群众的一员，同时，还要以群众的眼光去认识问题、去分析问题。

要群众信任，绝不仅仅靠权力，更主要的是靠你的人格魅力和工作能力，靠你做群众工作的方法和本领。

党员领导干部要始终站在人民大众立场上，把服务群众、造福百姓作为最大责任，把执政为民、为民用权作为正确使用权力的基本准则，真正做到立身不忘做人之本、为政不移公仆之心、用权不谋一己之私。

习近平：《深入学习中国特色社会主义理论体系 努力掌握马克思主义立场观点方法》，《求是》2010年第7期。

对于我们共产党人来说，老百姓是我们的衣食父母，我们必须牢记全心全意为人民服务的宗旨，党和政府的一切方针政策都要以是否符合最广大人民群众的利益为最高标准。要时刻牢记自己是人民的公仆，时刻将人民群众的衣食冷暖放在心上，把人民拥护不拥护、人民赞成不赞成、人民高兴不高兴、人民答应不答应作为想问题、干事业的出发点和落脚点，像爱自己的父母那样爱老百姓，为老百姓谋利益，带着老百姓奔好日子，绝不能高高在上，鱼肉老百姓，这是我们共产党与那些反动统治者的根本区别。封建社会的官吏还讲究为官一任，造福一方，我们共产党人不干点对人民有益的事情，说得过去吗？

杨筱怀：《习近平自述：我是如何跨入政界的》，《领导文萃》2000年第11期。

要认真贯彻党的群众路线，思想上尊重群众、感情上贴近群众、行动上深入群众、工作上依靠群众，帮助群众解决生产生活中的实际困难，引导群众不断前进，切实提高新形势下做好群众工作的能力。

习近平：《强调扎实做好推进农村改革发展各项工作》，《中国新闻网》2008年11月10日。

做到谋划发展思路向人民群众问计，查找发展中的问题听人民群众意见，改进发展措施向人民群众请教，落实发展任务靠人民群众努力，衡量发展成效由人民群众评判。

习近平：《领导干部要不断提高新形势下群众工作水平》，《人民日报》2011年01月06日。

重点组织中青年干部学习和实践做新时期群众工作的方

法，要求他们掌握党的方针政策，掌握市场经济知识、科技知识和必要的专业知识，锻炼自己的思维能力、语言表达能力，提高了解社情民情的能力、协调不同群体利益关系的能力、化解人民内部矛盾的能力、做思想政治工作的能力、动员群众的能力、处理突发事件的能力。

习近平：《如何做好新形势下的群众工作——访中共浙江省委书记习近平》，《求是》2005年第17期。

实现好、维护好、发展好最广大人民群众的根本利益，首先就要了解群众的所思所盼所忧，了解群众的真实情况、真实想法。要继承发扬党的群众工作的优良传统和作风，通过用思想政治工作、密切联系群众、发挥基层组织战斗堡垒作用等方法做好群众工作。

正确的方法是做好工作的重要保证。掌握了正确的工作方法，往往能收到事半功倍的效果。实际工作中，很多同志由于没有掌握正确的方法，容易出现两种倾向：一种是瞎子摸象，对工作没有全面的把握；一种是纸上谈兵，眼高而手低，遇到具体事情不知何处着手。不管是哪种情况，都不利于工作的开展和深入。

习近平：《之江新语》，杭州：浙江人民出版社2007年版，第88页。

深入学习中国特色社会主义理论体系，要学习和掌握辩证唯物主义和历史唯物主义的世界观和方法论，注重和坚持调查研究，不断提高领导工作水平。当今时代，信息手段十分发达，利用信息工具了解和掌握情况越来越重要。但不管通信手段多么发达，有多少了解情况的其他渠道，都不能替代亲自深入实际、深入基层、深入群众进行实地的调查研究。

习近平：《之江新语》，杭州：浙江人民出版社2007年版，第38页。